CURADOS

Feridas transformadas em bençãos

ELAINE DASILVA

Prefácio - Nilce Sousa

CURADOS Feridas transformadas em bençãos
1ª edição: 2020
Elaine Dasilva

Coordenação Editorial: **Nilce Sousa**
Revisão e Edição: **Suellen de Araújo Costa**
Capa e Diagramação: **Marcus Vinicius P. de A. Goes**
Tradução para Inglês: **Bianca E. Menezes Alves**
Revisão final Inglês: **Katia Felix**

Publicado no Brasil por: **Cevi Produções**
CNPJ 07.856.521/0001-94
Intagram: @editoracevi
ceviproducoes@gmail.com

Direitos Reservados

? D229c Dasilva, Elaine
Curados : feridas transformadas em bençãos = Healed : wounds transformed into blessings / Elaine Dasilva; edição e revisão; Suellen de Araújo Costa, tradução para o inglês: Bianca E. Menezes Alves; coordenação editorial: Nilce Sousa. – 1. ed. – Caldas Novas-GO : CEVI, 2020.
239 p. ; 22 cm

Inclui bibliografia
ISBN: 978-65-5642-016-5

1. Cura pela fé. 2. Autoajuda. 3. Milagres. 4. Superação. 5. Vida cristã.
I. Sousa, Nilce. II. Título: Healed : wounds transformed into blessings.

CDU: 265.8

Catalogação na publicação por: Onélia Silva Guimarães CRB-14/071

E-mail: contato.elainedasilva@gmail.com
Twitter: @ElaineD27328570
Instagram: @pastoraelaineda
Facebook: Elaine Da Silva
Facebook: Pastora Elaine Da Silva

Biografia

Elaine é escritora, pastora, palestrante, conferencista e conselheira. Atua na área de psicologia ajudando famílias brasileiras, americanas e hispanas. É casada com Agnaldo Dasilva, mãe de dois filhos, Andrew e James. Residem em Boston, na cidade de Revere no estado de Massachusetts há vinte e sete anos.

É autora de dois livros "RESTAURAÇÃO" Deixando para trás a dor e "CURADOS" Feridas transformadas em bençãos. Sua primeira obra foi publicada em três idiomas, português, inglês e espanhol e a segunda nas versões em português e inglês.

Seu objetivo é levar restauração e encorajamento aqueles que têm estado presos em condições degradantes, necessitados de restauração física e emocional e também encorajar a outros para que sejam instrumentos do Senhor nas vidas que os cercam, por meio da instrução e do compartilhar dos testemunhos de curas emocionais e físicas.

Dedico este livro ao meu esposo Agnaldo, a quem amo de montão e que tem me apoiado, dado o suporte necessário e motivado a continuar a jornada. Você, meu querido é um presente de Deus em minha vida.

Dedico também aos meus dois filhos Andrew e James que têm sido o motivo de alegria no meu viver. Sou grata a Deus pela vida deles, pelas bençãos que eles representam em nossa família, assim como na vida de muitas outras pessoas para a Glória do Senhor Jesus.

Agradecimentos

Agradeço ao Senhor Jesus pelo cuidado e zelo para comigo e para com minha família. Agradeço pelas curas que ele tem realizado em mim, incluindo a cura dos traumas do passado e também por cumprir mais uma de suas promessas me permitindo escrever esta obra para curar, restaurar e edificar vidas para o reino Dele.

Agradeço meu esposo e meus filhos pelo esforço, apoio e dedicação. Eles foram os primeiros a acreditar que este trabalho seria realizado e embarcam comigo em cada passo e desafio que um escritor enfrenta ao escrever um livro. Amo vocês.

Agradeço a meus pais por orarem por mim, pelo incentivo de meus irmãos que muitas vezes me deixam mensagens encorajadoras para continuar escrevendo.

Agradeço também a Igreja Batista Ebenezér pelas orações e apoio. Vocês fazem parte da minha vida. Estendo minha gratidão também a irmã Marlei por sempre me acompanhar em eventos e propagar meus livros com alegria.

Agradeço a minhas amigas: pastora Nilce Sousa e a irmã Katia Felix e toda equipe que coopera para que este projeto de evangelismo possa se cumprir.

Prefácio

Por mais cobiçado que seja, o caminho da Cura não é um caminho fácil, muitas pessoas o veem de maneira errada, acreditam que a cura é para os de fora, os estranhos, especialmente porque vivemos um tempo de verdadeiro culto ao irreal, onde somos resumidos a admiração e curtidas nas redes sociais.

No entanto, nada pode ser mais equivocado e superficial que esperar que a cura se opere sem que haja a profundidade. Afinal, ela começa em casa, na família, o lugar onde todas as máscaras caem e as farsas se tornam insustentáveis. A verdadeira cura, como a autora nos ensina muito bem nesse livro, começa com a própria pessoa e com os de casa, local onde só a verdade prevalece e é vista a olhos nus.

Não conhecemos quem realmente somos a não ser nos processos onde somos afrontados, feridos e depois curados. Ninguém é curado se não houver primeiro uma ferida, claro! E se não houver a ferida não adquirimos as cicatrizes que são nossas experiências, aprendizado, bagagens para nossa vida de conquista e sucesso.

Aprendo muito com Elaine e a chamo de "minha pastora do amor", ela exala amor em seu olhar, suas palavras e atitudes. Ela realmente tem um coração curado e tem autoridade para ensinar sobre o assunto. Ela aprendeu e renunciou a suas dores e feridas, por ela, por sua família e pelas outras pessoas que Deus colocou em seu caminho e com certeza muitas com feridas horríveis como as suas já foram.

Vejo na pessoa ferida dois caminhos, o de eternas feridas, pessoas frustradas e amarguradas, que vivem na sombra do passado remoendo tragédias e um outro, de pessoas que foram feridas, mas que se apegaram a Deus, deixaram o Espírito Santo trazer cura e restauração a seu coração, deixaram o passado para trás e seguiram em frente rumo caminho de vitória e conquistas. Tem um dito que criei que quero deixar aqui:

"Um passado mal resolvido nunca é um passado passado, ele é sempre um passado presente."

Entendo que não tem como ser curado vivendo nas feridas do passado, e Elaine escolheu, decidiu e perseverou no caminho da vitória e da conquista. Como aprendo com sua vida, sua família e seu ministério exalam a unção do seu coração "amor", nesse livro e no seu testemunho vai entender que a maior arma que usou para ser curada foi o amor. Algo natural e uma verdade em sua vida.

Estivemos juntas no lançamento do seu outro livro em New York "Restauração-deixando para trás a dor", incrivelmente ela fez a diferença amando pessoas que ela nunca viu e não compartilhava com ela da mesma fé, sua alegria e humildade contagiou a todos que cruzaram com ela no evento. Ela não ensina ou prega, ela vive uma verdade a luz do Evangelho e diante do Espírito de Deus.

Os milagres que ela relata neste material tanto dela, em casa ou no ministério é apenas um pouco da dor que já experimentou para chegar até aqui com você nesse material. Me sinto privilegiada em seguir alguém tão especial e importante para Jesus.

Leia e aprenda com ela sobre a cura física e a pior que existe, a espiritual. Ela não ensina, ela tem um coração curado. Conseguiu o melhor da terra: transformar suas feridas em bênçãos e eu pessoalmente oriento a vocês que está lendo esse livro a fazer o mesmo, seguir as receitas e dicas que ela compartilha aqui, seus segredos e segredos de muitas pessoas que ela acompanhou seus milagres.

Lembre-se que você não será capaz de ouvir Deus com nitidez com feridas no coração, pois o sangramento delas é capaz de impedi-lo de ouvir a voz de Dele dentro de você e de entender as impressões proféticas que Ele deseja compartilhar. Seja curado e ouça o Pai falar contigo.

Se perdoe, busque o Espírito de fortaleza e siga sua vida de fé e conquistas. Tudo depende de você, mais do que de Deus. Ele só vai fazer em você o que você permitir. Esqueça as pedras que tem contra ti e contra as pessoas, deixe o passado no passado e tenha o coração curado. Faça como a Elaine abra mão das feridas de infância e do passado e siga adiante. Amo a vida de vocês!

Nilce Sousa

SUMÁRIO

Introdução 17

CAPÍTULO 1 - Restauração Completa 19

CAPÍTULO 2 - Feridas que Transformam 23

CAPÍTULO 3 - Curada Para Curar 27

CAPÍTULO 4 - Envolta em Glória 33

CAPÍTULO 5 - Perseverança na Fraqueza 39

CAPÍTULO 6 - Marcada pelo Sobrenatural 45

CAPÍTULO 7 - O Poder de Deus em Ação 51

CAPÍTULO 8 - Aprendendo com aDor 57

CAPÍTULO 9 - Milagres na Família 65

CAPÍTULO 10 - Milagres na Igreja 71

CAPÍTULO 11 - O Segredo 75

CAPÍTULO 12 - Exercitando a Fé 81

CAPÍTULO 13 - Atitudes que Curam 89

CAPÍTULO 14 - Atitudes que Ferem 103

Conclusão 117

Bibliografia 121

Introdução

Devido aos profundos traumas de infância que sofri, por muito tempo pensei que havia nascido somente para sofrer, ser uma perdedora, uma pessoa insignificante. Minha dor era tão grande que eu achava que morta eu estaria melhor. No fundo das minhas emoções destruídas, eu almejava uma vida diferente em que eu pudesse superar tudo e ser capaz de seguir em frente, mas eu não sabia como fazê-lo.

Minha alma estava presa em um profundo mar de tristezas e escuridão, meu ser estava envolvido em descontentamento e angústia. Por isso, eu estava certa de que o melhor a fazer era pôr um fim a minha existência. Mas, pela misericórdia de Deus, antes que uma tragédia acontecesse, Ele estendeu a Sua mão, me salvou e me curou das intensas dores e traumas, de modo que hoje eu possa compartilhar essa libertação com outros.

Se antes eu não via muito sentido para continuar viva e me sentia presa em um emaranhado de problemas interiores, hoje eu não encontro melhor forma de descrever-me senão como uma pomba branca voando na liberdade do céu azul brilhante.

Hoje, tal qual essa ave que simboliza o Espírito Santo, eu posso estender minhas asas pairando livre e ver o reflexo de minha sombra refletindo sobre o mar de águas cristalinas, enquanto me aqueço ao sol como em um lindo dia de verão.

Nosso mestre ao receber o Espírito Santo, iniciou oficialmente seu ministério na terra e saiu livre para entregar a mensagem de Deus. Assim sou eu, me sinto livre para voar, ir aonde Deus queira me levar e levar a outros essa mensagem de amor e esperança. Posso finalmente dizer como o apóstolo Paulo:

> *"Já estou crucificado com Cristo; e vivo, não mais eu, mas Cristo vive em mim; e a vida que agora vivo na carne, vivo-a pela fé do Filho de Deus, o qual me amou, e se entregou a si mesmo por mim."*
>
> *Gálatas 2:20*

Assim, este livro que agora você tem nas mãos nada mais é que um testemunho de que esse mesmo Jesus pode e quer mudar a sua história também. Por isso, eu o convido que o leia com o coração aberto e crendo que o processo de cura de suas experiências de dor e sofrimento também podem ser canais de bençãos e edificação espiritual para outros.

Hoje, anos após o Senhor iniciar essa obra linda em minha vida, posso afirmar-lhe que não há situação em que Deus não possa agir, mesmo que as barreiras pareçam intransponíveis e que Ele o quer livre para alçar voos altos em direção ao seu propósito de vida.

CAPÍTULO 1

Restauração Completa

Antes que possa contar-lhe um pouco mais sobre mim e o que o Senhor tem feito em minha vida e através dela, gostaria de começar narrando um episódio durante os ataques terroristas de 11 de setembro de 2001 em Nova York.

Tamanho foi aquele ataque e muitas vidas foram ceifadas. Tudo o que havia ao redor das torres gêmeas parecia ter sido destruído, trazendo caos não só para os diretamente afetados, como um sentimento de comoção e insegurança para o mundo inteiro. Aparentemente nada havia sobrado.

Nossos olhos muitas vezes se concentram no superficial, temos pressa em tirar conclusões e esquecemos de parar e esperar a poeira baixar para entendermos que há mais do que os olhos possam ver. Para a surpresa de todos, "uma árvore de pera chamada Callery ficou famosa por ser uma sobrevivente ao resistir ao ataque terrorista no World Trade Center".

De acordo com o artigo "National September 11 Memorial & Museum" em outubro de 2001, esta árvore foi descoberta com as raízes quebradas, os galhos queimados, e ela estava severamente danificada, mas foi removida dos entulhos pelo departamento dos parques e recreações em Nova York. Depois de ser recuperada e reabilitada, a árvore de pera foi retornada para o memorial em 2010.

Todos conhecem o seu passado, mas o presente se tornou um marco na história dos EUA, porque ela é o símbolo de resistência, sobrevivência e de um novo nascimento. Da mesma maneira que a palavra de Deus diz que uma árvore cortada e destruída pode ser restaurada, assim Jesus pode e quer restaurar a vida de quem se dispõe a buscar a presença Dele.

> *"Porque há esperança para a árvore que, se for cortada, ainda se renovará, e não cessarão os seus renovos. Se envelhecer na terra a sua raiz, e o seu tronco morrer no pó, ao cheiro das águas brotará, e dará ramos como uma planta."*
>
> *Jó 14:7-9*

Assim sou eu, como uma árvore que já foi cortada, queimada pelo fogo da adversidade, mas que reverdeceu ao cheiro das águas do Senhor. Eu imagino que você, amigo leitor, também já tenha experimentando a dor de ser ferido e decepado pelas circunstâncias adversas, mas saiba que Ele, o Senhor, está pronto para restaurá-lo e devolver-lhe vida, flores e frutos.

Não importa o quão destruídos estejamos, termos nossas raízes envoltas pelas águas curadoras de Deus, brotamos novamente. Deixamos para trás a sequidão e vemos nossas folhas dantes mortas reaparecem verdinhas e no tempo certo florescerem para gerar mais e mais vida.

Esse é meu objetivo maior ao escrever esse livro, poder fortalecer a fé de todos aqueles que estão passando por momentos difíceis, que tem tido dificuldade em reencontrar a esperança, mas que tem dentro de si um desejo latente de vencer. E eu, como alguém que venceu posso hoje dizer-lhes que não é momento de desistir.

Curados Feridas Transformadas em Bênçãos

CAPÍTULO 2

Feridas que Transformam

Começo dizendo-lhes que ferida para mim é uma palavra muito forte devido aos maus tratos, traumas e frustrações que enfrentei, especialmente durante a infância. Temos uma tendência natural de evitar sermos machucados pois tememos nossa morte emocional, espiritual e até mesmo física.

O fato é que as dores e sofrimentos são na verdade inevitáveis, até mesmo porque estas etapas da caminhada nos ensinam novas lições e nos capacitam para o porvir. Um agravante neste processo, é o fato de que muitos não quebram o ciclo e continuam ferindo outras pessoas em consequência de suas próprias feridas.

Também há os que se fecham dentro de si próprios na tentativa de esconder sua dor, se isolam e não se recuperam. Outros ainda se culpam pelos acontecidos e além de não se perdoarem, guardam rancores e dores contra os verdadeiros agressores.

Não é de todo fácil entender o porquê de passarmos por dores, sofrimentos, feridas e angústias. Confesso que eu mesma, não compreendia a razão de ter de experimentar momentos tão angustiantes em razão da fibromialgia. As noites mal dormidas, a falta de força para me locomover de um lado para o outro, a falta de resposta dos trabalhadores de saúde e as críticas incessantes de quem não faz ideia de meu sofrimento.

Hoje, mesmo ainda na espera de minha cura, sei que Deus permitiu tudo isso para que Ele tivesse ainda mais espaço para trabalhar em mim e através de mim. Mudando meu caráter, me fazendo mais confiante, acrescentando minha autoestima, me levando a acreditar que Ele já havia me capacitado para uma grande obra, e de que Ele está no controle de minha vida.

Foi através do processo de dor que pude adquirir mais experiências e intimidade com Deus. Minha vida de oração se intensificou e aprendi a ser perseverante quando minhas orações não são respondidas da maneira que eu queira ou na hora que eu desejasse. Minha fé cresceu e me tornei mais resistente para lutar no mundo espiritual e trabalhar na área de libertação. A Bíblia se tornou meu manual diário.

Me entreguei totalmente ao Deus que agora me usa como instrumento de cura de muitas pessoas em diversas cidades, estados e países. Aprendi que sou forte em Cristo Jesus. Aprendi a ser mais agradecida por tudo em todas as áreas de minha vida. Sejam dias bons ou difíceis, seja na dor ou na saúde, seja na abundância ou no pouco, sou agradecida e contente.

Não vivo presa no meu passado ou nas sequelas que ficaram em meu corpo. Hoje tenho uma nova identidade concedida por Jesus, meu Pai celestial. Aprendi a amar a Deus acima de todas as coisas e com isso também aprendi a perdoar e amar as pessoas independente da circunstância.

Meu amor por Deus não se baseia no que Ele me dá, mas no que Ele é na minha vida, e com fé aguardo na promessa de viver o que "nem olhos viram, nem ouvidos ouviram" (vide 1 Coríntios 2:9) e além do mais sei que nada é capaz de me separar do meu amado Jesus:

> *"Pois estou convencido de que nem morte nem vida, nem anjos nem demônios, nem o presente nem o futuro, nem quaisquer poderes, nem altura nem profundidade, nem qualquer outra coisa na criação será capaz de nos separar do amor de Deus que está em Cristo Jesus, nosso Senhor."*
>
> *Romanos 8:38, 39*

Me sinto privilegiada por Deus por pregar a Sua palavra e ter a oportunidade de compartilhar meu testemunho com você, meu querido leitor. Curada de muitos traumas posso declarar com convicção que apesar das dificuldades da caminhada, me alegro em Deus por ter vencido até aqui e poder ser instrumento de restauração na vida de tantos, o que desejo continuar fazendo até a volta de Cristo Jesus. Deus transformou meu pranto em alegria e deseja fazer o mesmo por você.

Esta mesma esperança e transformação está disponível para cada um que ler este livro. O nosso Deus é o mesmo e está disposto a caminhar com você e concedê-lo a cura que você precisa. Lembre-se que suas feridas irão ser curadas se você continuar crendo e buscando a face de Deus, pois você é mais que vencedor em Cristo Jesus.

CAPÍTULO 3

Curada Para Curar

Como parte do meu ministério, Deus tem me proporcionado a oportunidade de levar o Evangelho da salvação para muitos e em diferentes lugares. Tenho tido o privilégio de ver inúmeras vidas se rendendo aos pés de Cristo, pessoas curadas de enfermidades físicas, emocionais e espirituais e só posso agradecer a Deus por haver me tirado de onde eu estava para poder participar de tudo isso.

Eu confesso que passo horas meditando na grandeza de Deus O agradecendo por Seu amor sobre minha vida e sobre toda a humanidade, pensando em seu inexplicável agir e em como nos ama com amor ágape. Essa é uma palavra de origem grega usada na Bíblia para descrever o amor de Deus por nós, pois fala de algo perfeito, inigualável e imensurável. E nesse sentido veja o que a Palavra de Deus diz:

> *"Nisto se manifestou o amor de Deus para conosco: que Deus enviou seu Filho unigênito ao mundo, para que por ele vivamos. Nisto está o amor, não em que nós tenhamos amado a Deus, mas em que ele nos amou a nós, e enviou seu Filho para propiciação pelos nossos pecados."*

> *1 João 4:9-11*

A grandeza do amor de Deus é tão tremenda que palavras não a podem descrever. Ele toma em suas mãos uma vida derrotada, quebrada e vazia, como era a minha no passado, e opera milagres que homem algum seria capaz de realizar. Ele age no mundo espiritual e permite que no mundo físico nós consigamos conquistar o que Ele nos prometeu.

A promessa

Lembro-me de um pastor, homem íntegro e verdadeiro, que direcionado por Deus, me falou que Deus tinha propósitos profundos a realizar em minha vida. Me lembrou também que minha cura iria ser usada para curar outras pessoas que são carentes de serem alcançadas pela mesma graça. Meu testemunho serviria para levantar pessoas emocionalmente destroçadas e aparentemente danificadas pelo fato de terem enfrentado traumas em sua trajetória.

Além disso, me disse que eu estava sendo preparada para o ministério de libertação, para ser um instrumento no que Deus quer fazer para libertar vidas em Seu nome, pois para Ele não há impossível. A impossibilidade é algo que reside apenas nos homens.

Por isso amado leitor, não desista da sua vitória, seja qual for seu problema, receba a vitória em nome de Jesus. Pare a sua leitura por alguns minutos e faça uma oração entregando tudo nas mãos de Deus, dando a Ele liberdade para trabalhar em sua vida.

Lembre-se de que para Deus todo problema tem solução. Segundo Sua vontade e tempo, Ele vai liberar a resposta que você precisa. Só Ele sabe o que é melhor para você. Basta somente crer e fazer uma entrega total. Veja o que o Senhor Jesus falou:

> *"Para o homem é impossível, mas para Deus todas as coisas são possíveis"*
>
> *Mateus 19:26*

As promessas de Deus não se resumiram somente na mensagem do pastor. Mesmo em minha pré-adolescência eu sentia a presença de Deus e ouvia Sua voz de diversas maneiras: através da Palavra, por sonhos e revelações, e como uma voz suave no meu ouvido ou no meu coração e quanto mais o tempo passava, mais vontade eu tinha de ser usada para transformar vidas e fazer a obra de Deus.

Os problemas e dificuldades que enfrentava em nosso lar não eram páreos para a minha intimidade com Deus, pois sentia que aquela amizade amorosa me envolvia diariamente e me dava a graça de que precisava para continuar. Fico tão feliz ao saber que a Palavra de Deus permanece para sempre e que quando Ele fala, o que Ele disse se cumpre:

> *"Deus não é homem, para que minta; nem filho do homem, para que se arrependa; porventura diria ele, e não o faria? Ou falaria, e não o confirmaria?"*
>
> *Números 23:19*

Feridas transformadas em beleza

Minha jornada de fé não tem sido fácil. No entanto, as batalhas, vitórias e o redirecionamento de Deus me dão o privilégio de, pela graça e misericórdia de Deus, testemunhar milagres extraordinários não só em minha vida, de meu esposo pastor Agnaldo, dos nossos dois filhos, mas também na vida de meus familiares, na igreja Batista Ebenezér, na vida de amigos e também de diversas outras pessoas por onde tenho passado.

Há mais de trinta anos eu ouvi que minhas batalhas serviriam para edificação de outros, confesso que era algo que não parecia muito atraente. A correlação entre sofrimento e estar disponível para abençoar outros pode até parecer loucura. No entanto, mesmo ainda sendo criança, meu desejo já era de abençoar outros e ser o ombro amigo para aqueles que se sentem abandonados e sem um lugar ao sol.

Com o passar dos anos Deus transformou minhas lágrimas em riso, as feridas em beleza, as tristezas em alegrias. Através deste processo tenho contemplado Sua grandeza. Minha jornada de cura me levou a viver experiências que eu não teria vivido se não tivesse passado por este processo.

Não foi minha bondade que me trouxe até aqui, mas sim a boa mão de Deus e seus planos de nos fazer prósperos espiritualmente e podermos compartilhar com outros os milagres feitos por Ele. Pois, o sentimento de estar ferido, solitário, e sem proteção não me são estranhos. Ter que encontrar forca para recolher os pedaços em que fomos quebrados e juntar o quebra-cabeças de uma nova vida curada dos traumas, só pode acontecer de forma completa quando nos deixamos Deus nos visitar e preencher as lacunas de nosso ser.

Neste livro você vai ler testemunhos do que Deus tem realizado através de minha vida, e também na vida de pessoas que amamos muito que nos dão a oportunidade para ministrar nas igrejas em congressos, palestras, seminários, vigílias, visitas nos lares, viagens missionárias e muitos outros lugares onde DEUS tem direcionado. Por isso o convido que esteja receptivo ao que Ele quer fazer em você por meio dele.

Curados Feridas Transformadas em Bençãos

CAPÍTULO 4

Envolta em Glória

"A minha alma tem sede de Deus, do Deus vivo; quando entrarei e verei a face de Deus?"

Salmos 42.2

Manhãs de verão são convidativas para um passeio na rua, fazer compras, abrir a casa para arejá-la, mas no dia 29 de Julho de 2019 eu estava em meu momento a sós com Deus no meu quarto e tamanha era minha necessidade de ficar ali na presença Dele e ser totalmente envolvida em sua glória que nenhuma força exterior conseguiria tirar o desejo de me prostrar ou dissipar minha sede por Sua presença.

A presença de Deus era tão envolvente, que eu não notei o passar das horas. Aquele foi um entre tantos momentos de intimidade e renovo espiritual e pude ouvir Dele coisas tão profundas que me impactaram grandemente.

São em momentos como este, que Deus por sua bondade e conhecendo a necessidade de seus servos, me revela até o que as pessoas estão pensando, principalmente em casos onde há uma estratégia maligna para destruir a vida de alguém através de suicídio, da destruição de casamentos e outros problemas graves. Deus se revela aqueles que buscam a Sua face com sinceridade e temor.

> *"O Senhor confia os seus segredos aos que o temem, e os leva a conhecer a sua aliança".*
>
> *Salmos 25:14*

Enquanto eu intercedia pelas pessoas que estavam me apoiando com o meu primeiro livro "Restauração - Deixando para trás a dor" e dedicando-o ao Senhor, Deus me trouxe a memória a promessa de que eu fui curada para que através de minha vida outros pudessem ser curados.

Isso é algo que todo aquele que deseja ser curado precisa saber: Deus não age em nossas vidas para que fiquemos parados, temos sobre nós o encargo de compartilhar e transmitir a mudança de Deus em nós e permitir que o Espírito Santo faça a parte Dele.

Enquanto eu estava nesse momento, em meio a lágrimas de alegria e satisfação, Deus me deu o título deste segundo livro, e com isso a confirmação de que este livro chegará às mãos de muitas pessoas que estão procurando a cura, nas mãos dos que ajudam outros a serem curados e na de pessoas que nem sabem o quanto precisam da cura de Deus.

Assim, rapidamente escrevi o título em um pedaço de papel e celebrei com alegria mais uma vez o direcionamento de Deus. Cinco meses mais tarde, no dia 28 de dezembro de 2019, me senti impulsionada por Deus para começar a escrever esta nova obra Curados.

Cada testemunho, cada história compartilhada e para que sua fé e esperança sejam renovadas e que conforme você vá se identificando com os relatos aqui mencionados, tome posse da vitória. Tome a decisão de querer a cura e de deixar Deus entrar nas áreas mais dolorosas de sua vida. Comece a declarar a libertação de Deus em você. Pois tudo que você precisa é crer e verá a Glória de Deus.

O poder da Ressurreição

"Não te disse Eu que se creres, verás a glória de Deus?"

João 11:40

Você lembra de Marta quando seu irmão Lázaro estava morto já havia quatro dias? Estas foram as palavras de Jesus para ela, pois como você lerá inúmeras vezes nesse livro: para Jesus nada é impossível e ainda que alguém esteja morto viverá.

Marta e sua irmã Maria choravam muito, desesperadas, elas achavam que depois da morte de seu irmão Lázaro, Jesus não poderia fazer mais nada por ele e por elas. Em nossa mente limitada a morte é o fim de tudo, e a dor da perda de um ente querido é algo que não conseguimos explicar.

Creio que você, assim como eu, já perdeu pessoas próximas e importantes em sua vida e dependeu totalmente da força do Senhor Jesus para restaurar e curar seu coração ferido pela perda. Jesus amava aquela família e estava interessado no bem estar de todos, a passagem bíblica menciona que Jesus até chorou.

Para surpresa geral, Jesus pediu para que a pedra fosse removida e a seguir ele ordenou: "Lázaro saia para fora"! Esse foi o exato momento em que Lázaro ouviu a Sua voz e obedeceu ao Seu mandato. Já fazia quatro dias que estava morto, cheirava mal, mas a morte não teve poder sobre a vida de Lázaro e o poder de Deus foi manifestado naquele instante.

Por isso posso dizer com muita certeza que assim como Jesus ressuscitou a Lázaro, eu profetizo que no nome Dele que seus sonhos que talvez já tenham morrido, irão também ressuscitar para a glória de Deus e a pedra que o impede de receber sua vitória será completamente removida de sua vida em nome de Jesus.

Aos nossos olhos, o fato de Lázaro e sua família serem amigos de Jesus, e terem que passar por toda aquela dor parece não fazer muito sentido. Costumamos pensar que os amigos de Deus são imunes ao sofrimento. No entanto, quando vemos a ressurreição dele entendemos que o nome de Deus precisava ser glorificado.

Assim também é conosco: quantas coisas inesperadas acontecem em nossas vidas, em momentos que parecem tão inconvenientes, como a perda de um ente querido, um trauma que destruiu sua alegria e sonhos, uma decepção com um amigo que você considerava íntimo, decepções com familiares, a traição de um cônjuge, o diagnóstico de uma doença grave, ou qualquer outra situação que nos desestabilize.

Todas essas dores são dilacerantes e potenciais destruidores da alegria e da motivação. No entanto, nenhuma delas pode nos fazer esquecer de que Jesus está no controle de tudo e mesmo que aos nossos olhos pareça ser uma destruição total.

Deus usa as coisas que estão praticamente destruídas e opera grandes milagres através daquela situação. Lembre-se do que o nosso Mestre nos ensinou:

> *"Não se vendem dois pardais por uma moeda? Contudo, nenhum deles cai no chão sem o consentimento do Pai de vocês. Até mesmo os cabelos da cabeça de vocês estão todos contados.*

> *Mateus 10:29,30*

Isso nos mostra que mesmo que não entendamos o porquê de determinadas situações, o importante é saber que Deus tem o melhor para cada um de nós e jamais perdeu o controle sobre qualquer situação.

  ELAINE DASILVA

Curados Feridas Transformadas em Bençãos

CAPÍTULO 5

Perseverança na Fraqueza

"Mas Deus escolheu as coisas loucas deste mundo para confundir as sábias; e Deus escolheu as coisas fracas deste mundo para confundir as fortes; E Deus escolheu as coisas vis deste mundo, e as desprezíveis, e as que não são, para aniquilar as que são; Para que nenhuma carne se glorie perante ele".

1 Coríntios 1:27-29

Posso abertamente compartilhar com você de que mesmo sendo curada de meus traumas de infância, eu sofro sequelas de todo o sofrimento experimentado naquela época. Tenho sofrido de uma enfermidade chamada Fibromialgia por mais de uma década. A notícia deste diagnostico temporariamente roubou minha liberdade, meus sonhos, minha vida e espero de com a graça de Deus escrever um livro sobre este assunto nos próximos anos.

Você consegue pensar em alguém em sua vida que seja ativa, animada, alegre, organizada, criativa com a decoração de sua casa, caprichosa ao extremo, que tenha uma casa sempre em ordem, com móveis e chão brilhosos, armários da cozinha organizados, e cheirando limpeza? Alguém que na igreja reflita o mesmo capricho, dedicação e amor pela obra de Deus? Pois é, esta seria a melhor descrição da minha pessoa até o início de minha segunda gravidez.

Além dos sintomas normais de enjoo e cansaço como costumam ser a maioria das gestações, eu percebia que meu corpo estava experimentando dores diferentes. A impressão que eu tinha era que meu corpo estava todo quebrado, até a respiração doía e não existia qualquer movimento que passasse desapercebido.

No entanto além dos sintomas físicos, aquelas dores e desconforto começaram a invadir minha alma, eu começava a experimentar cada vez mais frequentemente uma tristeza profunda. Não sabia eu, que até a tristeza e angústia sentidas eram efeitos da condição médica em que eu me encontrava.

Pensamentos furiosos me diziam que eu não poderia mais ser a mesma pessoa de antes. Subitamente minha vida mudou e a possibilidade de ser confinada a uma cadeira de rodas passou a ser parte de minha realidade. Eu andava vagarosamente e encurvada segurava-me nas paredes para ir de um cômodo ao outro da minha casa que antes podia zelar com tanto vigor.

O tempo ia passando e não havia qualquer sinal de melhora, meu filho mais novo nasceu e eu me via em uma situação caótica. A dor que antes era mais forte na região lombar agora já se alastravam para as pernas e o restante do corpo.

Meu esposo, Pr. Agnaldo, sofria por me ver sofrer e mencionava que gostaria de trocar de lugar comigo naquele momento.

Aqueles foram tempos muito difíceis e que levavam ao desespero, sem contar a crítica dos que não entendiam a situação, o que tornava o fardo ainda mais difícil de se carregar. Em meio aquele vendaval de dor e falta de suporte, Deus por sua bondade me levou a orar incessantemente por minha cura.

Eu orava dia e noite, chorando e clamando, e como o mover dos meus lábios causava dores, eu continuava meu clamor na minha mente. Eu sabia que somente Jesus Cristo poderia me curar e eu não iria me render de jeito algum.

Na sua maioria, pessoas com Fibromialgia generalizada como a minha, tem suas atividades limitadas. Simples tarefas como lavar e secar o próprio cabelo, se tornam um projeto de ciências, mas eu não estava disposta a ser parada por nada. Decidi que independente das dores, iria me levantar para abençoar outros e levar a mensagem da cruz adiante.

Eu sei que aquela força não provinha de mim mesma, pois eu continuava limitada, mas resolvi me entregar mais e mais profundamente a Deus e em meu interior vi sendo gerada a convicção de que aquilo tudo não era uma surpresa para Ele e que mesmo que a cura completa não estivesse se manifestado, como era meu desejo, nada fugiria de Seu controle: Veja o que diz o Salmo 139:

> *"Tu criaste o íntimo do meu ser e me teceste no ventre de minha mãe. Eu te louvo porque me fizeste de modo especial e admirável. Tuas obras são maravilhosas! Digo isso com convicção. Meus ossos não estavam escondidos de ti quando em secreto fui formado e entretecido como nas profundezas da terra. Os teus olhos viram o meu embrião; todos os*

> *dias determinados para mim foram escritos no teu livro antes de qualquer um deles existir".*

Salmos 139:13

Não posso explicar o porquê de não ter sido curada do fibromialgia ainda, mas sei que já ultrapassei as chances de saúde e atividades que outros pacientes com essa condição extrema não têm conseguido ultrapassar. Creio que no momento de Deus, assim como foi com minha cura emocional, Ele vai me curar, mas independente desta cura eu quero me dedicar ao trabalho de Cristo para poder dizer como o apostolo Paulo no final de sua vida: "Combati o bom combate, acabei a carreira, guardei a fé" (2 Timóteo 4:7).

Rendição da Vontade Própria

Não quero viver a minha vontade e sim a vontade Deus. Quero viver na presença Dele todos os dias da minha vida. Muitos homens e mulheres na Bíblia enfrentaram situações que nós não sabemos se conseguiríamos enfrentá-las hoje. Vamos olhar o caso de Jó: ele era um homem íntegro que servia a Deus com temor e dedicação e isso era tão evidente que até o diabo notou a fidelidade de Jó.

E sem que Jó fosse culpado de qualquer erro, Deus permitiu que ele viesse a perder tudo o que tinha, incluindo seus filhos, suas riquezas, seus confortos e sua saúde. Jó foi julgado por aqueles que se diziam seus amigos. Sua própria esposa sugeriu que ele negasse a Deus e morresse. No entanto, Deus não havia perdido o controle daquela situação, e seu destino não seria marcado pela derrota que muitos esperavam.

Deus se levantou em favor de Seu servo e restaurou sua saúde, restituiu seus bens e devolveu-lhe a alegria. Mesmo sendo um homem justo antes desta grande batalha, Jó agora dizia para Deus: "eu te conhecia só de ouvir falar, mas agora os meus olhos te veem" (vide Jó 42.5). Ele agora podia entender que Deus era maior do que imaginava, pois havia tido uma experiência profunda com Ele.

Assim tem sido o poder de Deus em minha vida. Cada manhã traz consigo um novo pedacinho do sobrenatural de Deus para mim. Tenho aprendido a depender Dele e lançar diante Dele toda a minha ansiedade porque Ele tem cuidado da minha vida, conforme nos ensina o Apóstolo Pedro: "lançando sobre ele toda a vossa ansiedade, porque ele tem cuidado de vós" (1 Pedro 5:7).

Testemunhos como o de Jó e este novo patamar espiritual que tenho vivido, me animam a estar disposta a seguir confiante e acreditando que o melhor do Senhor ainda está por vir. Sei que Ele é o Jeová Rafa, o Deus que cura e no momento certo, conforme lhe aprouver, estou certa de que Ele vai me conceder a vitória nesta área também.

Gostaria também de enfatizar de que esta situação com a minha saúde não obstrui minha mente e coração de ser agradecidíssima a Deus pelo o que Ele tem feito em mim desde minha infância. Pelo impacto que a presença Dele tem em meu ser e como eu hoje reajo as circunstancias diárias. Pensando sobre esse assunto, me lembro do apostolo Paulo, quando orou a Deus pedindo que removesse o espinho de sua carne:

> *"E, para que me não exaltasse pelas excelências das revelações, foi-me dado um espinho na carne, a saber, um mensageiro de Satanás, para me esbofetear, a fim de não me exaltar. Acerca do qual três vezes orei ao Senhor, para que se desviasse de mim. E disse-me: A minha graça te basta, porque o meu*

     ELAINE DASILVA

poder se aperfeiçoa na fraqueza. De boa vontade, pois, me gloriarei nas minhas fraquezas, para que em mim habite o poder de Cristo. Pelo que sinto prazer nas fraquezas, nas injúrias, nas necessidades, nas perseguições, nas angústias, por amor de Cristo. Porque, quando estou fraco, então, sou forte".

2 Coríntios 12:7-10

A resposta de Deus foi clara e direta para o Apóstolo Paulo e o tem sido para mim, o poder de Deus se aperfeiçoa em nossa fraqueza. Não sabemos e nem mesmo queremos especular qual tenha sido o espinho na carne de Paulo. O que sabemos e o que nos interessa é que a graça de Deus era com ele, e tal era a unção que pairava sobre sua vida e ministério que seus aventais eram usados para curar pessoas. Veja:

"E Deus, pelas mãos de Paulo, fazia milagres extraordinários, a ponto de levarem aos enfermos lenços e aventais do seu uso pessoal, diante dos quais as enfermidades fugiam das suas vítimas, e os espíritos malignos se retiravam."

Atos 19.11-12

CAPÍTULO 6

Marcada pelo Sobrenatural

"Você foi escolhida por Deus para mudar a vida de várias pessoas. Deus te deu o dom de cura e vai te usar da mesma maneira que ele usa a sua mãe."

Coronel Fabriciano, 1984

Estas palavras ecoam em minha mente, desde aquela noite, quando eu era uma pré-adolescente e o pastor se dispôs a entregar a mensagem de Deus para mim. Minha mãe sempre foi um exemplo de oração e busca. Ela se dispunha a orar por todos os que necessitavam de oração e nós, seus filhos, fomos testemunhas oculares de milagres e maravilhas operados por Deus através da vida dela.

Confesso que, no início, mesmo sabendo do chamado de Deus para o ministério de cura, tive batalhas espirituais em minha mente, onde meus pensamentos me diziam que eu não deveria impor minhas mãos sobre os doentes. O que aconteceria se eles não fossem curados? Como eu explicaria o que Deus não fez? Como pode a cura acontecer através de uma pessoa como eu? Quem sou eu? Como pode uma pessoa que foi abusada emocionalmente ter autoridade de Deus para orar por outros?

Todos esses questionamentos me perturbavam e minha mente lutava contra si mesma, mas mesmo que eu ainda não tivesse uma intimidade profunda com Deus naquela época, eu não largava o desejo de obedecê-lo e cumprir o que Ele tinha designado para a minha vida.

Assim, mesmo que com um início tímido eu comecei a orar pelas pessoas, não necessariamente por necessidades relacionadas à saúde, mas Deus começou a responder seus pedidos e curá-las também de enfermidades. Dessa forma, Deus foi me fortalecendo e reforçando o meu ministério e me surpreendendo constantemente.

A cura da criança

Em um certo dia, enquanto meu esposo estava pregando na igreja em que dirigimos, eu estava em minha posição de intercessora, como de costume, dobrando meus joelhos para interceder por ele e vez por outra caminhando nos corredores e nos fundos da igreja em oração constante.

Tudo estava como costumava ser, até que meus olhos captaram o olhar cansado de uma mãe que segurava sua filhinha de 2 anos. Ao inquerir sobre o bem estar da criança, a mãe, de forma casual me informou que ela estava gripada. Impus minhas mãos sobre a criança e repreendi a gripe e a febre em nome de Jesus.

No entanto, o que eu vim saber em outro momento quando essa mesma mãe testemunhou na congregação é que, para a glória de Deus e alegria minha, após aquela oração, a criança havia sido curada da gripe e febre, mas também de uma alergia a lactose que tinha desde o seu nascimento.

As consequências dessa enfermidade são dolorosas e podem até causar inflamação generalizada de alguns órgãos. No entanto, a partir daquela oração aquela criança pode tomar seu iogurte, se deliciar com pudins e outros derivados de leite sem nenhum sintoma ou sequela. Aleluia!

É dessa maneira que tenho visto Deus agir. Ele vai além do que eu peço na oração e visita a saúde das pessoas pelas quais eu oro. Me maravilho constantemente com Deus, pela maneira como Ele responde as orações. A oração foi feita pela gripe, mas Ele sabia de que aquela vida e aquela família precisavam de um milagre ainda maior e Ele curou a criança do problema que ela tinha desde o nascimento. Glorifico a Deus, o Jeová Rafa, o Deus que sara.

"Sara os quebrantados de coração e liga-lhes as feridas".

Salmos 147:3

Mulheres Curadas

Eu estou convicta de que Deus me chamou para pregar o evangelho e manifestar seu amor e poder à todas as pessoas, no entanto, algo que arde em meu coração é poder falar às mulheres e por essa razão poder ministrar-lhes é motivo de muita alegria.

Assim, no ano de 2019 eu fui convidada para ser a preletora em um retiro de mulheres. Foi um evento que durou três dias e onde sentimos o poder de Deus e a operação do

Espírito Santo de forma palpável. Muitas testemunharam suas curas e milagres, mas um testemunho em particular me marcou no segundo dia.

Ao se aproximar do altar, uma senhora pediu que orássemos por ela pois se encontrava enferma. Nos falou que os médicos já tinham prescrito tudo o que podiam e o quadro não apresentava melhoras. Como havia bastante barulho ao nosso redor enquanto ela relatava o problema, eu entendi que seu problema era na coluna e orei com fé ministrando a cura.

Na manhã seguinte, ela testemunhou da cura e disse que quando chegou em seu quarto, ela pulava em cima da cama, movia sua coluna de um lado para o outro e não sentiu mais nada. Estava totalmente curada. Depois de testemunhar sobre esta cura, ela também me informou de que eu não havia compreendido seu pedido de oração na noite anterior, pois ela estava sofrendo de dores e peso na cabeça e congestão nas narinas.

Assim, orei por ela pela segunda vez e Deus fez a obra completa. Ela chegou a expelir o mal que estava dentro de si e a partir daquele momento se sentiu renovada e curada. Deus tinha um propósito maior com a vida dela. É Ele quem age, e sua atuação vai além do que entendemos, tudo acontece da forma e no momento Dele.

> *"Porque dele, e por ele, e para ele são todas as coisas; glória, pois, a ele eternamente. Amém!"*
>
> *Romanos 11:36*

Há vezes em que as pessoas nos contam suas necessidades e outras vezes Deus as revela a mim de forma surpreendente. Me lembro de um episódio que aconteceu em um de nossos chás de mulheres, uma irmã convidou sua amiga para participar conosco pela primeira vez. Tudo correu de forma linda e abençoada e no momento da oração, Deus me fez sentir de que eu precisava orar por esta visitante.

Até aquele momento, eu não fazia ideia do dilema de sua vida. Ela havia sido diagnosticada com câncer. Além do diagnostico assustador e perigoso, ela não podia contar com o apoio de seu esposo. Pois se tratava de um homem sem sabedoria, que a maltratava por estar enferma. Para completar, ela estava sofrendo de depressão, ansiedade, crises de pânico e outros problemas.

Mesmo sem conhecimento de nenhuma dessas informações, impus as mãos sobre ela e Deus me revelou seu problema de saúde. Pude contemplar quando uma grande bola de fogo desceu sobre a sua cabeça e a envolveu completamente, e de uma forma miraculosa foi curada instantaneamente. O impacto foi tão grande que todas as outras mulheres atendendo aquele evento choravam e glorificavam a Deus.

Como toda pessoa prudente, ela voltou aos médicos e eles não encontraram mais os linfomas. Fizeram todos os testes necessários, e agora até a medicina testifica de que ela está curada. Grande foi nossa alegria quando ela testemunhou na presença de todos na igreja. Não houve quem não se maravilhasse com o poder de Deus e Seu santo nome foi mais uma vez glorificado. Hoje ela vive uma vida normal, está feliz, serve a Deus, trabalha e já foi também curada das dores emocionais. Aleluia! Deus é bom.

CAPÍTULO 7

O Poder de Deus em Ação

Durante estes 15 anos desde o meu diagnóstico, eu tenho experimentado a glória de Deus na minha vida e presenciado seu poder em ação. Entre os muitos testemunhos que eu me lembro está um que marcou minha vida.

Na época, fazíamos um programa na rádio 1300 AM na região de Boston e uma ouvinte do programa nos chamou com um pedido de oração. Meu esposo e eu dividíamos as tarefas, e enquanto ele ministrava ao vivo eu atendia pedidos de oração por telefone em um outro espaço.

Enquanto orava por esta pessoa, Deus me revelou alguns detalhes sobre sua vida e me mandou dizer a ela o quanto ela era amada por Deus e de que Ele estava cuidando dela. Foi um momento de comunhão e real presença de Deus e eu podia ouvir a felicidade em sua voz. Após a oração ela me pediu o endereço da igreja e disse que viria nos conhecer pessoalmente.

     ELAINE DASILVA

Ela eventualmente visitou nossa igreja e começou a ser frequente. Mas a história não acabaria por ali. Em um outro dia, durante meu momento de oração, Deus me revelou algo a mais sobre sua saúde e me ordenou que eu ligasse para ela. Ela era uma pessoa muito reservada e o que eu iria compartilhar com ela, só poderia ter vindo do céu.

Tamanha foi a surpresa daquela mulher quando eu disse: "Deus te manda dizer que hoje Ele te levanta da sepultura, e que você está curada do câncer que te aflige. Os médicos têm dito que o fim há chegado e teu coração tem aceitado este resultado, mas Ele muda a tua história agora!"

Mesmo por telefone, pude sentir um poder forte vindo dos céus, parecia até que o chão do meu escritório tremia debaixo de meus pés, era como se eu estivesse com ela pessoalmente. Aquela mulher começou a chorar pois como já mencionei, ela era uma pessoa resguardada e não havia compartilhado seu problema com ninguém. O câncer já estava em estágio quatro e a perspectiva de vida era pequena e não havia mais quaisquer recursos humanos para ajudá-la.

Para minha edificação espiritual, ela compartilhou comigo que havia chegado em casa do hospital havia poucos minutos. Durante a visita com o médico ela havia recebido os resultados de novos exames e uma biopsia que havia sido feita uns dias antes e foi por ele informada de que ela teria somente dias para viver. Choramos juntas e agradecemos a Deus pelo milagre e livramento, pois ela voltou para casa aceitando a sentença de morte estabelecida pelo médico.

Como conhecedores da Bíblia Sagrada podemos testificar de que a última palavra nunca é a de um homem, seja ele quem for e que posição ocupe. Nossas vidas estão submissas ao senhorio de Cristo e por isso podemos crer que Ele é o único que pode determinar quando é o fim.

"Muitos propósitos há no coração do homem, mas o conselho do Senhor permanecerá".

Provérbios 19:21

Deus decidiu que ela viveria mais e os exames que foram refeitos depois da oração confirmaram o milagre. O mesmo médico que havia falado que ela estava morrendo, após verificar os exames, deu-lhe a notícia de que o câncer que antes estava espalhado por todo corpo havia sumido. Ela estava totalmente curada para a Glória de Deus. Jeová Rafa, o Deus que sara, a curou.

"Verdadeiramente, ele tomou sobre si as nossas enfermidades e as nossas dores levou sobre si; e nós o reputamos por aflito, ferido de Deus e oprimido. Mas ele foi ferido pelas nossas transgressões e moído pelas nossas iniquidades; o castigo que nos traz a paz estava sobre ele, e, pelas suas pisaduras, fomos sarados".

Isaías 53:4-5

Tu e tua casa

"E eles disseram: Crê no Senhor Jesus Cristo e serás salvo, tu e a tua casa".

Atos 16:31

Em uma outra ocasião, aproximadamente em 2016, após a pregação em um congresso de mulheres aqui nos Estados Unidos, a pastora da igreja pediu que eu ungisse as mãos das pessoas que iriam ofertar e que também orasse por elas naquela tarde.

Me recordo que uma longa fila se formou a minha frente e que mais ou menos na metade da fila havia uma jovem senhora que ao tocar-lhe a mão, manifestou uma reação de dor. Pelo aspecto de suas mãos que pareciam brilhar com um inchaço estranho eu pude perceber que algo não estava totalmente normal.

Ao inquiri-la sobre aquela condição, ela compartilhou que estava acometida de reumatismo no corpo inteiro, acrescentou ainda de que já havia tempos que não podia usar sua aliança devido ao inchaço e a dor. Seus pés também apresentavam os mesmos sintomas e ela havia chegado ali em uma cadeira de rodas e com o auxílio de uma amiga.

Movida pelo Espírito Santo, naquele mesmo instante Deus me usou para profetizar a cura imediata daquele mal. E, para a glória de Seu nome, no final do evento ela me mostrou que suas mãos e seus pés já estavam voltando ao normal e que o inchaço estava desaparecendo.

Como Deus sempre confirma a Sua obra, imagine a minha alegria ao reencontrá-la em um chá de bebê de uma jovem que congregava conosco. Ali pude ver uma linda mulher, sorridente e feliz que vinha em minha direção se identificando como a pessoa que havia sido curada naquele congresso. Ela me ajudou a lembrar quem ela era e compartilhou que ao chegar em casa depois daquela reunião ela estava totalmente curada.

Aquele foi um grato encontro. A felicidade dela era tamanha que ela pulava, dançava, e desfilava em minha frente e dizia que agora ela podia inclusive usar sapato de bico fino, o que jamais seria possível antes pelas dores que sentia. Me mostrou com satisfação de que além da aliança também podia usar os anéis que há muito tempo era impossibilitada de usar. Semanas mais tarde ela nos deu o privilégio de vir a um de nossos eventos femininos e testemunhou o que Deus havia feito para honrar o nome Dele.

O tempo passou, e em um dia inesperado, esta mesma mulher veio nos visitar no dia de nosso culto de intercessão. Fiquei feliz de vê-la, especialmente porque não era meu dia usual de estar atendendo a reunião na igreja. Dessa vez seu rosto mostrava preocupação.

Me aproximei e ela me disse que não estava ali por ela, mas por sua sogra que estava em estado terminal de AIDS. Aquela doença devastadora, fazia com que o corpo daquela senhora estivesse coberto por feridas e dava sinais de que aqueles eram seus últimos dias.

O esposo dela, que pelo que me recordo, havia contraído a doença durante uma transfusão de sangue no hospital e transmitiu o vírus a ela antes de ser diagnosticado, tinha falecido havia pouco tempo. A família estava emocionalmente devastada com a possibilidade de perdê-la.

Mas, diante de mim estava sua nora, uma mulher que havia experimentado um milagre e sabia de que Deus é o mesmo e poderia operar na vida de sua sogra e mudar sua sorte. E foi nesta fé que ela fez o pedido de oração, se despediu de nós e voltou para casa.

Imediatamente convoquei alguns irmãos e um diácono que estava ali para orarem comigo e conforme orávamos eu podia sentir a dor que ela estava sentindo. Deus tem me dado esta sensitividade quando estou orando por situações graves.

Passamos um tempo mais longo do que esperávamos ali na presença de Deus e Ele foi nos direcionando em como orar e interceder por aquela situação. Oramos somente por ela e sua família naquela noite. Não importa quantas vezes eu tentava orar por outro assunto, o Espírito Santo me levava a voltar a orar por ela até o final da reunião. Deus tinha um encontro marcando com ela para a cura.

> *"Da mesma forma o Espírito nos ajuda em nossa fraqueza, pois não sabemos como orar, mas o próprio Espírito intercede por nós com gemidos inexprimíveis".*

> *Romanos 8:26*

Encerramos nosso momento de oração e nos deslocamos para nossas casas, esperançosos no milagre de Deus. Depois de alguns dias, aquela mulher me ligou para dizer que sua sogra já não apresentava mais feridas em seu corpo e novos exames tinham sido feitos e os médicos constataram que ela não apresentava mais o HIV, o vírus que causa a Aids. Aleluia. Não cheguei sequer a conhecer a sogra daquela mulher pessoalmente, mas a história do seu milagre marcou minha vida. A Bíblia nos diz:

> *"Curai os enfermos, limpai os leprosos, ressuscitai os mortos, expulsai os demônios; de graça recebestes, de graça dai".*

> *Mateus 10:8*

> *"Na verdade, na verdade vos digo que aquele que crê em mim também fará as obras que eu faço e as fará maiores do que estas, porque eu vou para meu Pai".*

> *João 14:12*

Jesus nos convida a exercitar nossa fé e não esquecermos que fomos curados para ser usados para curar outros. Revista-se de coragem e comece a buscar a face de Deus por você mesmo e por todos ao seu redor e verá o que Deus é capaz de fazer.

CAPÍTULO 8

Aprendendo com a Dor

Muitas foram as experiências em que pude ver Deus me usando para manifestar sua cura para outras pessoas. Com isso, gostaria de dedicar esse capítulo para compartilhar o que Deus tem me ensinado pessoalmente sobre esse assunto.

"E sabemos que todas as coisas contribuem juntamente para o bem daqueles que amam a Deus, daqueles que são chamados por seu decreto".

Romanos 8:28

Gratidão

Ao buscar minha cura depois do diagnóstico de fibromialgia, minha intimidade com Deus e minha dedicação a busca de Sua presença se intensificou. De início, minha busca era quase singularmente pela cura, mas com o passar dos dias meu foco passou a ser conhecer a Deus de perto, ver a sua face. Assim, passava horas conversando com Deus, e com isso percebi que os milagres operados por Ele através da minha vida se multiplicavam e cada dia mais sua mão operava de forma sobrenatural.

Neste processo, aprendi a estar feliz com Deus mesmo nos momentos de dor intensa. A leitura diária da Bíblia me fortalecia e me ensinava a louvar a Deus independente das circunstâncias que me rodeavam. Precisamos buscar a presença Dele, pois Ele é a verdadeira alegria. Reflitamos um pouco nas palavras do Apóstolo Paulo:

> *"Não digo isto como por necessidade, porque já aprendi a contentar-me com o que tenho. Sei estar abatido e sei também ter abundância; em toda a maneira e em todas as coisas, estou instruído, tanto a ter fartura como a ter fome, tanto a ter abundância como a padecer necessidade. Posso todas as coisas naquele que me fortalece".*

Filipenses 4:11-13

Minha gratidão a Deus vai além da alegria que Ele me traz durante os dias de dor, angústia e desespero, ela inclui a oportunidade de presenciá-Lo curando pessoas de doenças incuráveis através de minha vida. Não importa quão dolorosa seja sua trajetória, faça da gratidão um exercício diário, pois sempre temos motivos pelos quais devemos ser gratos.

Testemunhe seus Milagres

Outra coisa que Deus tem me mostrado insistentemente e que soará quase como um apelo nas páginas desse livro é que Ele nos cura para que sejamos usados para curar outros. Essa verdade vai além de um dever de gratidão é algo libertador quando deixamos de orbitar ao redor de nossas próprias dores e podemos oferecer algum refrigério aos nossos semelhantes.

Por isso eu o digo que não fique calado com o que Deus tem feito em sua vida. Abra a boca e testemunhe, compartilhe o operar Dele para que outros possam ser edificados. Seu testemunho pode ser um incentivo para outros continuarem sua busca em Deus.

Não tenho palavras para expressar a alegria que sinto ao ouvir pessoas declarando de que se eu, a pastora Elaine, que tenho passado por tantos problemas e experiências tenho vencido, eles também vencerão. Mais uma indicação de que nossa dor, experiência, e história de restauração pode edificar os que tem ouvido nosso testemunho.

Consagração

Uma chave que Deus me tem dado é a consagração. Se trata de uma entrega total e absoluta da nossa vontade para que Ele possa operar em nós e por nosso intermédio. A vida de um cristão genuíno passa pelo "negar-se a si mesmo" (Vide Lucas 9:23) e uma busca incessante pela presença Dele, quer as circunstâncias sejam favoráveis e estejamos animados para isso, ou não.

Como pastora, jamais me aproximo do púlpito de nossa igreja local ou de igrejas aonde vou ministrar, sem me preparar com muitas horas de oração, estudo e busca da presença

     ELAINE DASILVA

de Deus. Fazer a obra Dele não é como irmos a um encontro casual com amigos. Precisamos estar preparados e precisamos entender que estamos lutando contra um mundo invisível que não descansa.

Nosso Deus nos capacita e nos fortifica para vencermos, no entanto, precisamos fazer a nossa parte na busca pela santificação. Tudo isso faz parte da nossa responsabilidade perante Deus. Todo o sacrifício que fazemos para termos mais da presença de Deus é valioso e Ele nos recompensa.

Zelo

"Pois o zelo da tua casa me devorou, e as afrontas dos que te afrontam caíram sobre mim".

Salmos 69:9

Pastores e suas famílias não têm a mesma liberdade que muitos membros da igreja tem de se recuperarem completamente depois de um parto ou uma cirurgia. O meu caso não é e não foi diferente durante o nascimento dos meus filhos. Com somente trinta dias de resguarde do nascimento do James, eu já acompanhava meu esposo nas reuniões da igreja, dirigia o grupo de louvor e ministrava nos cultos.

Para os de fora parecia que nada havia mudado, mas só o Espírito Santo de Deus sabia com que sacrifício tudo era feito. Lágrimas de dor e sofrimento lavavam não só o meu rosto, mas a minha alma naqueles dias.

O zelo pela obra de Deus nos levava a sacrificar os momentos em família e período para minha recuperação, e nós nos envolvíamos de corpo e alma no crescimento da obra de

Deus. Pois, apesar de minha cura não ter sido consumada da forma que eu desejava, milagres começaram a acontecer na vida dos que me cercavam. De algum modo minha enfermidade física foi permitida com o propósito de que o nome Dele fosse glorificado.

Críticas

Um cristão precisa estar preparado para elas. No meu caso, como se ser diagnosticada com uma condição que não tem cura humana não fosse o suficiente, eu também teria de enfrentar críticas destrutivas daqueles que de maneira desinformada lançavam palavras negativas e ofensivas contra minha pessoa.

Nesse período aprendi que ao mesmo tempo que o ser humano tem uma capacidade incrível de se doar, de se reinventar e auxiliar outros, também possui uma capacidade devastadora de lutar contra tudo que não se encaixe no padrão, ou aquilo que foge do normal.

Não foram poucas as vezes em que ouvi comentários como o que atribuía minha condição de saúde a algum pecado ou falta de perdão. Em algumas ocasiões, que me doeram a alma, pessoas me diziam que não podiam entender como eu me submetia a orar por outros, vê-los ser curados e eu ainda estar doente.

No entanto, eu sabia que se tratava claramente da voz do acusador, que tentava e ainda tenta parar meu ministério, mas eu sei em quem eu tenho crido e como a Sua palavra diz: "sei que é poderoso para guardar meu depósito até aquele dia (Vide 2 Timóteo 1:12).

Como resposta às adversidades, Deus me encoraja e capacita a ajudar outros. Mesmo que as dores e cansaço mental estejam me afligindo, quando saio de casa para uma pa-

   ELAINE DASILVA

lestra ou para ministrar em um evento, assim que começo a ministrar, sinto um poder sobrenatural que invade o meu ser. Passo horas orando por pessoas depois dos eventos, uma condição que por mim mesma sei que não poderia.

Vejo vidas sendo transformadas, situações resolvidas, pessoas sendo curadas no corpo e na alma e Deus revelando de forma inegável Sua presença e poder, e assim sei que sou mais que vencedora. Mais uma vez sinto a confirmação de que minha cura emocional foi para que eu levasse palavras de vida e esperança para os que anelam a sua própria cura.

Pequenos passos de fé

Outra verdade muito importante que minha experiência com o Senhor me trouxe tem a ver com "pequenos passos de fé". Vou tentar ilustrar isso com um testemunho pessoal, onde não fui instrumento de cura para outrem, mas pude ver de forma clara o poder de Deus atuando em uma situação particular.

Em um determinado dia acordei com meu dedo indicador doendo e inchado. A princípio não dei muita atenção, mas com o passar do dia a situação piorou. O indicador ficou tão inchado que não dobrava mais. Como se não fosse o suficiente, aquele inchaço passou para o segundo dedo e dentro de poucos dias atingiu o terceiro dedo.

A dor começou a ficar insuportável e o inchaço era tamanho que os três dedos estavam quase mais grossos que o dedo polegar, aos poucos fui sentindo a mão direita inválida. Assim, meu esposo sugeriu que eu fosse ao médico pois eu parecia estar com artrite reumática e estava preocupado com a rapidez com que o inchaço estava se espalhando.

No entanto, naquele momento, eu dei um passo de fé e decidi que ao invés de ir ao médico, eu iria falar com o médico dos médicos, Jesus Cristo. Peguei o óleo ungido, ungi meus dedos e comecei a andar dentro de casa orando e repreendendo aquela condição em nome de Jesus. Confesso que se alguém passando na rua me visse daquela forma, acharia que eu estava louca. Mas cada passo que eu dava era com determinação e crendo que eu já estava curada.

Ao terminar meu momento de oração, meus dedos ainda estavam da mesma forma, inchados e doloridos, mas, dentro de mim eu tinha plena convicção de que eu estava curada. Parei de pedir e comecei a declarar que eu já estava curada. Foram três dias somente declarando a minha vitória.

Eu constantemente olhava para meus dedos e percebia que eles não desinchavam, mas eu havia decidido crer e esta situação não seria capaz de me fazer desistir de minha benção. Eu sabia que Deus estava no controle e que minha cura já havia sido determinada.

Finalmente, no quarto dia vi que meus dedos começaram a murchar, até voltarem completamente ao normal no quinto dia. Eu podia simplesmente mover meus dedos como se nunca tivesse acontecido problema nenhum, para a glória do Senhor.

Uma lição importante que esse fato me ensinou é que algumas vezes somos curados instantaneamente, mas outras vezes Deus prova a nossa fé e permite que a cura se materialize depois de alguns dias ou semanas. Ele está no controle, e tudo acontece da forma e no tempo que Ele determina.

Cometemos um erro grave por querermos estipular para Deus as regras de cura e ensiná-lo quando e como Ele deve realizar milagres em nossa vida. Louvado seja Deus que faz tudo conforme Seu próprio querer, pois não podemos nem imaginar a confusão que seria se os milagres fossem feitos conforme nossa vontade, se Ele pedisse nossa opinião em como resolver disputas, ou quem seria curado e como.

 ELAINE DASILVA

Louvo ao Senhor porque estas decisões não pertencem a nós e jamais devemos querer tomar o lugar de Deus, pois Ele é perfeito e todo poderoso e sem Ele nada podemos fazer. A nós cabe obedecer a sua direção e cultivar a fé, pois só assim Ele agirá em nosso favor. Veja o que o nosso Mestre nos ensina:

> *"E Jesus lhes disse: Por causa da vossa pequena fé; porque em verdade vos digo que, se tiverdes fé como um grão de mostarda, direis a este monte: Passa daqui para acolá e há de passar; e nada vos será impossível".*

> *Mateus 17:20*

CAPÍTULO 9

Milagres na Família

Nossa família é presente de Deus para nós e um erro grave que alguém pode cometer é tentar ganhar o mundo e perder sua família. Eu tenho muito claro em meu espírito que tudo começa das portas para dentro de nossos lares, e que nosso primeiro ministério é cuidar daqueles que o Senhor nos confiou:

> *"Mas, se alguém não tem cuidado dos seus e principalmente dos da sua família, negou a fé e é pior do que o infiel".*
>
> *1 Timóteo 5:8*

     ELAINE DASILVA

Esse cuidado vai além do econômico, no que se refere a provisão, ou até mesmo da afetividade, segurança e outros fatores importantes para manter uma família saudável. Os pais devem dedicar-se singularmente para ministrar na vida de seus filhos e não há nada que fale tão alto quanto o exemplo.

Tudo começa em casa

Como já mencionei, minha mãe, foi um grande exemplo espiritual para mim, era uma mulher de oração, íntima do sobrenatural e pude ver muitos sendo tocados por Deus através de sua vida de fé e devoção, e é isso que tento passar aos meus filhos, permitindo que eles vejam o que Deus, por sua misericórdia, tem operado através de mim e permitindo que eles também sejam agentes de milagres.

Quem leu meu primeiro livro, Restauração - Deixando para trás a dor, sabe que meus filhos são milagres maravilhosos do Senhor e deixo que eles saibam disso o tempo todo, no entanto os milagres a que quero me dedicar nesse capítulo são aqueles que presenciamos no nosso dia a dia como família. Para exemplificar melhor vou contar um breve testemunho a seguir.

Detalhes

Aqui nos Estados Unidos é muito comum termos banheiras ao invés do box com o chuveiro nos banheiros das casas, e nossa banheira estava entupida já há várias semanas. Meu esposo e meu irmão já haviam feito o que podiam para resolver aquele dilema: já haviam usado máquinas, produtos de vários tipos, e meu irmão chegou até a desencaixar os canos, mas nada resolvia.

Você pode imaginar como uma família pastoral pode sobreviver retirando a água da banheira todas as vezes que alguém vai usá-la? Somos bastante ocupados, temos atividades constantes na igreja, no ministério de visitas e outras tarefas e sinceramente esvaziar a banheira para cada um todos os dias não fazia parte da nossa agenda, ou pelo menos não deveria fazer.

Se precisássemos chegar mais cedo ao templo para oração ou para alguma reunião, era necessário começar o banho as duas da tarde. Aquela era uma situação sem solução e não era por falta de interesse, ou por falta de tentativa, o próprio encanador já havia desistido do projeto e nós estávamos muito desgastados com aquilo tudo.

Mas em um determinado dia eu cansei daquela situação, cheguei à conclusão de que o caso desta banheira só ia ser resolvido por meio da oração. Disse para mim mesma: Jesus tem poder para alcançar e desmanchar o entupimento onde quer que ele esteja! Então, chamei o James, meu filho mais novo para me ajudar, e juntos oramos e repreendemos aquele problema com autoridade.

Não demorou muito e ouvimos um barulho, os canos tremiam e a água começou a descer instantaneamente. James ficou maravilhado com o poder do Senhor e comentou que Deus ouve mesmo as orações. Fiquei muito feliz por meu filho ter presenciado aquele milagre, aquela resposta de Deus. O Senhor ouve o clamor de um justo.

Meus filhos frequentemente pedem para eu orar por eles e nos alegramos juntos na presença de Deus. Andrew, meu primogênito, sempre diz que ele pede a Deus uma esposa da mesma forma que meu marido pediu a mim. Ele fala que quer que sua futura esposa ame a Deus como eu, sua mãe, amo a Deus. Nada é mais importante do que eu mesma ser um exemplo para meus filhos, pois as primeiras pessoas que Jesus nos chamou para curar são os de nossa própria família.

Eu poderia contar muitos outros testemunhos das coisas que vimos Deus operar como família, mas o mais importante é que você seja um agente de cura divina em sua casa, que seja uma pessoa de oração e que saiba que Deus tem todo interesse de se manifestar por meio da sua vida, especialmente entre os seus.

Edificando o Lar

Por isso, eu o convido a usar os próximos cinco minutos para orar por sua família. Nós temos a responsabilidade de apresentar os nossos em oração diante de Deus. Gosto do slogan do projeto Débora: "Mães de joelhos, filhos de pé." Meu lema pessoal é que meus filhos precisam ser impactados por Deus antes que eu faça a obra de Deus lá fora.

Glorifico a Deus pela vida de meu esposo, pois juntos temos primeiramente edificado nosso lar e dessa forma podido abraçar o ministério que Deus nos concedeu de ser instrumento na restauração de casamentos. Temos vivenciado o milagre na vida de vários casais que não tinham mais esperanças de reconciliação, cujos casamentos estavam completamente destruídos, mas que foram restaurados pela bondade do Senhor.

O que sei é que se você, caro leitor, pudesse por um momento, voltar no tempo comigo e ir lá na minha infância, visitar meu coração naquela época, e passar comigo por todos os traumas que eu passei, você se alegraria comigo neste momento. Vivo literalmente uma NOVA VIDA. Uma vida curada de diversos traumas e abusos, de sonhos restaurados, uma verdadeira história reescrita por Deus.

Sou testemunha viva do milagre de Jesus Cristo na vida daqueles que se submetem a Ele. Sou muito feliz e me sinto privilegiada pelo ministério de Deus e especialmente por poder pastorear a Igreja Batista Ebenezer juntamente com meu esposo e ver que eles também têm experimentado o agir do Senhor em suas vidas.

CAPÍTULO 10

Milagres na Igreja

Nossa igreja também pode testemunhar grandes milagres de Deus que tem acontecido em nosso meio. Ver a manifestação do poder de Deus no meio da congregação é um enorme privilégio. Além do mais, isso deveria ser uma constante já que a Palavra de Deus promete grandes vitórias para seus servos:

"Prestem culto ao Senhor, o Deus de vocês, e ele os abençoará, dando a vocês alimento e água. Tirarei a doença do meio de vocês.

Êxodo 23:25

Eu particularmente, tenho a igreja como nossa segunda casa, nossa segunda família, e como eu mencionei em parágrafos anteriores, precisamos viver o que pregamos para podermos ter impacto na vida das pessoas. Em todo momento que estou com eles sou lembrada de que fui curada com o propósito de espalhar cura a tantos quantos precisam.

Isso significa que os milagres precisam acontecer na igreja também, os membros precisam ver salvação, libertação e vidas restauradas, começando por suas próprias. Por isso, compartilho aqui um testemunho vivido por mim pessoalmente, mas que trouxe impacto para toda a igreja que temos o privilégio de pastorear.

Tocado desde o ventre

Em 2012 eu estava em minha casa orando no nosso escritório e recebi a ligação de uma jovem senhora que congrega conosco. Ela estava grávida e chorava muito. Sua angústia era tamanha, que ela mal conseguia se expressar e precisou parar e retomar o fôlego para me contar o que estava acontecendo. Em meio às lágrimas ela finalmente compartilhou comigo que depois do ultrassom, a médica havia dito que o bebê nasceria com Síndrome de Down.

Começamos a orar e Deus me entregou duas mensagens para serem passadas para ela. Primeiramente, disse que seu bebê já estava curado e que havia completado a obra naquele momento. A segunda parte da mensagem envolvia o esposo dela, que até aquele dia era uma pessoa difícil, principalmente quando se tratava do serviço desempenhado por ela na igreja.

Aquele homem era totalmente fechado para o evangelho, mas naqueles dias difíceis Deus tinha um encontro marcado com Ele e a salvação finalmente chegaria em sua vida. Combinamos e eu fui visitá-los no mesmo dia as sete da noite.

Ao chegar na casa deles, ele ficou bastante assustado, mas como ela já havia compartilhado a mensagem de Deus sobre a cura do bebê, notei que ele estava com a guarda mais baixa. Não demorou muito e fui direto ao assunto e disse-lhe que o tempo de Deus para sua vida havia chegado.

Mesmo ainda assustado ele queria saber de mim se na verdade o bebê estava curado e nasceria normal. Ele queria testar a convicção de minha fé e certificar-se de que Deus agia através da minha vida. Em suas simples palavras e expressões de pânico e dúvida, ele me disse que serviria a Deus daquele momento em diante se a criança realmente estivesse curada.

Para a surpresa dele, com autoridade de Deus e ousadia do céu, porque eu sei em quem tenho crido, e sei que a mensagem havia vindo diretamente do trono celeste, declarei que ele podia se entregar a Deus com segurança pois o bebê estava curado e que eu iria pessoalmente com ela no próximo ultrassom para testemunhar de perto o grande milagre que Deus realizou.

Testificando o Milagre

Na semana seguinte eu a acompanhei ao Boston Medical Center para sua consulta. Para o espanto da técnica de ultrassom, ela já não via mais o que havia visto na consulta anterior. Ela parecia agitada e nos pediu licença para ir ver a obstetra. Nos colocaram então em uma outra sala e enquanto esperávamos eu disse para a mãe do bebê que ficasse tranquila pois ela veria o agir de Deus.

A médica não tinha como explicar o que estava acontecendo e compartilhou que na verdade, além da síndrome de Down, na consulta anterior ela havia percebido que o bebê também tinha defeitos causados por problemas genéticos e agora eles não estavam encontrando aqueles detalhes nas imagens recebidas pelo ultrassom.

Pelos detalhes que ela compartilhou conosco, o exame anterior mostrava o bebê como uma massa deformada e não como uma criança e agora os testes os deixavam surpreendidos. O bebê agora tinha o corpinho desenvolvido e formado perfeitamente para a glória de Deus.

A obstetra então recomendou outros testes para verificar se a criança realmente estava saudável, um teste bastante perigoso, mas a mãe do bebê chegou à conclusão de que o teste não era necessário, pois sabia de que Deus já havia vencido aquela batalha por ela.

Passados alguns meses aquela criança nasceu e hoje é um menino saudável, inteligente, criativo e lindo! Quando eu o vejo eu sempre me refiro a ele como meu milagre e toda a igreja ficou sabendo do agir de Deus e cresceu em fé e confiança.

A igreja precisa ser este lugar de cura, onde os sinais se manifestam e onde as pessoas aprendem na prática que servimos a um Deus que não se limita, antes é capaz de realizar todas as coisas e nos usar para isso, basta que coloquemos nossa fé em ação.

CAPÍTULO 11

O Segredo

Deus é testemunha do quanto me sinto honrada ao compartilhar com você estes testemunhos que tenho vivido e de poder animá-lo a crer que Ele tem grandes milagres para realizar em sua vida também.

Estou certa de que este livro está chegando nas mãos de pessoas enfermas em seu físico, mente e até espiritualmente, mas saiba que Deus o fez porque deseja curá-lo. Também sei que esse material chegará nas mãos daqueles que creem no poder de Deus e querem ser usados para curar outros.

Digo a ambos que existe um segredo para que os milagres aconteçam e se chama vida de oração. É comum não presenciarmos milagres maiores porque nossa fé não é exercitada ou não passamos tempo o suficiente com Deus, para entender Sua vontade e nos rendermos completamente a ela.

Olhemos para Abraão: Homem de muita fé e obediência. Imagine você a situação em que ele se encontrava diante do difícil pedido de Deus, que era que ele entregasse seu próprio filho. Pensemos na angústia e a batalha que provavelmente estava acontecendo em sua mente. Sabemos, que Deus não o deixaria sacrificar seu próprio filho, mas Abraão ainda não sabia qual era o livramento que viria.

Ainda assim, aquele homem manteve sua fé e acreditou que Deus, o mesmo Deus que o havia tirado da terra dos caldeus e lhe havia prometido numerosa descendência, estava no total controle da sua vida. Confesso que quase perco o folego só de pensar na coragem de Abraão em fazer aquilo. Mas são nestes momentos que devemos negar a nós mesmos, nossas próprias vontades para agradar a Deus e com certeza todo nosso esforço e sacrifício serão recompensados. Veja o que a Palavra nos ensina:

> *"Verdadeiro e aceitável sacrifício ao Eterno é o coração contrito; um coração quebrantado e arrependido jamais será desprezado por Deus."*
>
> *Salmos 51.17*

Nossa desculpa comum por não orar o suficiente é a de que Deus nos conhece bem melhor que nos conhecemos, pois Ele é o nosso Criador. Sabemos pelas Escrituras que antes de abrirmos nossa boca, o Senhor já sabe o que vamos pedir. No entanto, não nos diz para não orarmos, ao contrário, nos ensina e incentiva a buscar a presença de um Deus que tudo pode e tudo sabe.

Deus se agrada quando em oração, rasgamos nosso coração diante Dele e o falamos como uma criança que se achega a seu pai, apresentando-lhe todas as suas necessidades. Ele quer que detalhemos diante Dele tudo o que precisamos. Pois todo bom pai procura fazer o melhor por seus filhos, e se submete ao que for necessário para atender suas necessidades, independente do que seja.

Por isso, pense que se um pai/mãe humanos já fazem isso, imagine o que o Senhor Jesus se dispõe a fazer por nós quando nos derramamos diante Dele. Pense no amor nos olhos de Deus ao recolher nossas orações e na satisfação de responder ao nossos pedidos e atender nossas necessidades.

Deus não usa de favoritismo quando responde as nossas orações, e tampouco deixa de atender meu pedido pelo fato de haver um mais urgente, ou uma necessidade maior. Ele nos ama igualmente com o amor ágape e tem no seu reservatório bençãos e repostas para todos os que buscam a Sua face. E tudo o que pedirmos conforme a Sua vontade vai se cumprir mesmo que demore.

> *"E tudo quanto pedirdes em meu nome, eu o farei, para que o Pai seja glorificado no Filho. Se pedirdes alguma coisa em meu nome, eu o farei".*
>
> *João 14:13-14*

Ouvindo Deus em Sonhos

A Bíblia relata diversas passagens em que Deus revela Seus planos a seus servos através de sonhos. E como Ele é Deus que não muda, mesmo nos dias atuais continua se revelando da mesma forma. Por Sua bondade Ele tem se revelado a mim dessa forma e gostaria de poder compartilhar com vocês a esse respeito.

Em Genesis 37 lemos a fascinante história de José, em que Deus revela seu futuro por meio dos sonhos. É certo de que ele sofreu inveja por parte de seus irmãos, que ardentemente desejavam sua morte, e que até seu pai se assustava com os sonhos e dizia que não se prostraria diante do filho.

No entanto, apesar das reações negativas, os sonhos se cumpriram quando ele se tornou o príncipe do Egito. É assim que Deus faz, quando Ele revela ou promete algo, é certo que se cumprirá independente do tempo que passe ou das dificuldades enfrentadas durante o processo de preparação.

Longe de mim disseminar a ideia de que todos os sonhos vêm de Deus. No entanto, existem sonhos que são revelações e podemos discernir pela forma como nos sentimos quando acordamos. Quando Deus revela algo através de um sonho, Ele cumpre, além disso nos impulsiona a buscá-Lo e nos mostra os livramentos que nos dará.

Em setembro de 2019 eu tive um sonho com uma pessoa que congregava conosco. No sonho ela chorava muito, um choro de desespero por conta de um problema muito grave que estava enfrentando e necessitava de ajuda. No sonho eu orava por ela, por isso imediatamente ao acordar pela manhã orei por sua vida.

Após isso, dei prosseguimento às minhas atividades e a noite fui juntamente a com outras irmãs ao templo para enfeitá-lo em preparação ao lançamento do meu primeiro livro no dia seguinte. Uma delas estava enferma, e sem demora orei por ela e então pedi para conversar com a pessoa que Deus havia me revelado no sonho.

Até aquele momento, eu não sabia exatamente como deveria orar por ela, mas sabendo que Deus é conhecedor de todas as coisas e que coloca as palavras na minha boca quando oro pelas pessoas, comecei a orar. Imediatamente após haver começado a clamar, Deus me mandou repreender uma enfermidade e o espírito de morte que estava sobre aquela mulher. Enquanto orava notei que ela chorava muito e dizia tomar posse de sua vitória em nome de Jesus.

Novamente, na reunião de domingo de manhã, durante a ministração do louvor, Jesus me levou a orar pelos doentes e repreender as enfermidades. Enquanto eu orava e repreendia todo o mal, eu pedi para que as pessoas colocassem sua mão no local da enfermidade e pela fé tomassem posse da cura. Passamos momentos lindos ali na presença do Senhor.

Durante aquela mesma semana a irmã com quem eu havia sonhado me procurou para testemunhar que havia sido curada. Ela compartilhou que quando contei a ela sobre o sonho e orei, ela com coragem tomou posse de sua cura. Ela disse que realmente estava passando por uma enfermidade muito séria e que única pessoa que sabia da gravidade era seu filho, pois ela desejava prepará-lo para sua morte.

Ela chegou a mostrar a ele o caroço já bastante desenvolvido que estava em seu seio e os exames haviam constatado um câncer já em fase crítica. O médico deixou claro de que o prognóstico não era bom e ela aconselhou seu filho a se organizar para sua a partida.

Para minha alegria e confirmação de que Deus fala de muitas maneiras, durante a ministração no domingo, ela também colocou sua mão sobre a enfermidade e acreditou que era a hora de ficar livre daquele mal. Chegando em casa foi rapidamente procurar o caroço, mas ele havia sumido. Seu filho ficou admirado e feliz e ela também pode dar seu testemunho diante da igreja que muito se alegrou por ela.

Quando ela voltou ao médico, nenhum dos exames mostrava o caroço e por mais que ele tentasse encontrá-lo de todas as formas a doença já não estava mais ali. Aquele profissional de saúde procurava encontrar uma explicação, mas não podia. O tumor era visível a olhos nus e não havia meios de

 ELAINE DASILVA

perdê-lo. O médico não teve outra saída a não ser perceber que algo divino havia ocorrido.

Ela então conheceu mais de perto o Jeová Rafa, o Deus que sara, e eu o encorajo caro leitor, a também cohecê-Lo, a se posicionar em fé e crer que Ele tudo pode e que se revela a nós das mais variadas maneiras, inclusive por meio de sonhos proféticos. Abra seu coração para começar a experimentar essas manifestações em sua vida. A palavra de Deus diz:

> *"E estes sinais seguirão aos que crerem: em meu nome, expulsarão demônios; falarão novas línguas; pegarão nas serpentes; e, se beberem alguma coisa mortífera, não lhes fará dano algum; e imporão as mãos sobre os enfermos e os curarão".*

> *Marcos 16-17,18*

CAPÍTULO 12

Exercitando a Fé

> *"Está alguém entre vós doente? Chame os presbíteros da igreja, e orem sobre ele, ungindo-o com azeite em nome do Senhor; e a oração da fé salvará o doente, e o Senhor o levantará; e, se houver cometido pecados, ser--lhe-ão perdoados".*
>
> *Tiago 5:14-15*

Anteriormente falamos sobre a importância dos sinais para a edificação da igreja e lendo esse versículo me dou conta de que os membros da nossa congregação sabem que podem sempre contar conosco para orar por eles. É lindo saber que

 ELAINE DASILVA

eles não se sentem intimidados em nos pedir que carreguemos com eles suas cargas e as apresentemos diante de Deus.

Pouco mais de um mês depois do testemunho que mencionei anteriormente, em que Deus curou a nossa amiga e congregada do caroço no seio, uma outra irmã se aproximou de mim após o culto para pedir oração, ela me disse que estava com dores na garganta, tinha uma rouquidão que agora lhe roubava a voz e precisava fazer grande esforço para a voz sair e estava bastante indisposta. Oramos e ela foi para sua consulta.

Depois de uma bateria de exames, o médico explicou-lhe de que ela tinha um caroço em sua garganta e que precisaria de cirurgia. O diagnóstico mostrou um tumor maligno. Aqueles foram momentos muito difíceis, pois sentiu seu coração desmoronar e foi invadida pelo pânico e até medo de morrer.

Aquela mulher sofria por pensar em seu esposo e a sua filha adolescente, os quais por sua vez também estavam desorientados, temendo perdê-la, já que sequer podiam suportar a ideia de uma vida sem a presença dela entre eles.

Em meio aquele alvoroço ela me procurou para compartilhar o resultado e pedir que eu orasse por ela. Sem nenhuma demora, tirei o óleo e a ungi, e também clamei a Deus repreendendo aquele caroço. Ao orar Deus me mandou dizer a ela para acalmar o coração e descansar Nele pois os médicos não iriam encontrar mais nada nos próximos exames e que a partir daquele dia ela estava totalmente curada.

Como ela ainda não havia experimentado tal milagre até aquele dia, seu coração permanecia abalado e sua mente lutava contra a certeza da operação divina. Mas como lemos em Hebreus 11.1 "a fé é a certeza daquilo que esperamos e a prova das coisas que não vemos". Assim, aquela irmã precisaria posicionar-se como quem via o invisível.

Vencendo a incredulidade

De mesma forma, em nossa caminhada enfrentaremos situações em que precisaremos exercitar nossa fé, ativá-la. A fé é como um músculo que precisa de estímulo constante, ou torna-se atrofiada, inoperante. A passo que se lhe damos a devida importância, ela se fortalece mais e mais e nos tornarmos aptos a enfrentar os problemas com a atitude correta.

O que aconteceu com esta irmã é muito comum. As vezes amamos Deus sobre todas as coisas, mas dependendo da situação enfrentada, como seres humanos, somos atacados e nossa mente se torna nosso maior adversário. Com a incerteza de seu futuro, ela planejou voltar para o Brasil, pois pensava que com isso, se viesse a óbito seria tudo mais fácil para seus familiares.

Ao saber do dia para a nova consulta ela foi a igreja e ali encontrou meu esposo Pr. Agnaldo. Mais uma vez ela abriu seu coração e com lágrimas pedia socorro. Ela também mencionou a ele de que eu já havia orado por ela e dito que ela poderia descansar pois a obra de Deus na vida dela já havia sido feita. Com esta informação, meu esposo olhou para ela e disse: Então, descansa. Se Deus mandou a Pra. Elaine te dizer isso, simplesmente confia minha filha!

Depois de alguns dias, chegou o temido momento de voltar ao médico. Não preciso nem dizer de que para surpresa dela, aconteceu tudo do jeitinho que o Senhor havia falado. A promessa dele não havia mudado, pois Ele cumpre o que promete.

O médico não encontrou nada e disse que algo estranho havia acontecido na garganta dela e que ele não conseguia entender pois no local havia apenas uma cicatriz. Louvado Seja o Senhor, pois Ele realizou a cirurgia e deixou ali aquela cicatriz para que todos pudessem crer que Ele, o médico dos médicos e Senhor dos Senhores havia operado.

No domingo em que ela veio dar o testemunho, ela, seu esposo e sua filha choravam de alegria, satisfação e contentamento pelo milagre alcançado. Muitos dos demais irmãos na igreja também choravam, e todos se alegravam com aquele momento marcante e maravilhoso. Glória a Deus.

"Porque eu bem sei os pensamentos que tenho a vosso respeito, diz o Senhor; pensamentos de paz, e não de mal, para vos dar o fim que esperais. Então me invocareis, e ireis, e orareis a mim, e eu vos ouvirei. E buscar-me-eis, e me achareis, quando me buscardes com todo o vosso coração".

Jeremias 29:11-13

O comando de Deus é claro, e as intenções Dele a nosso respeito também o são. Ele não nos criou para que andássemos à deriva, mas nos deixou a sua Palavra para nosso consolo e bússola para o nosso viver e nela somos encorajados a buscar a cura em todos os aspectos.

"Sara-me, Senhor e sararei; salva-me, e serei salvo; porque tu és o meu louvor.

Jeremias 17:14

Ele se posiciona em nosso favor e deseja nos abençoar. Nós necessitamos apenas sair de nossa área de conforto e buscá-Lo. Precisamos romper em fé. Precisamos buscar mais da presença de Deus, desenvolver uma comunhão íntima e profunda com o Espírito Santo e um relacionamento intenso com Jesus. Pois o coração de Deus está sempre pronto para nos responder:

"Se vós, pois, sendo maus, sabeis dar boas dádivas aos vossos filhos, quanto mais dará o Pai celestial o Espírito Santo àqueles que lho pedirem?"

Lucas 11:13

"Pedi, e vos será concedido; buscai, e encontrareis; batei, e a porta será aberta... vosso Pai que está nos céus dará o que é bom aos que lhe pedirem!"

Mateus 7:7/11

Deus quer atuar, Ele está apenas esperando de demos um passo em direção a Ele. Para ilustrar melhor, deixe-me compartilhar mais uma história de um milagre físico e espiritual que só aconteceu porque a pessoa queria mais de Deus.

Fé Renovada

Nas sextas-feiras temos culto de libertação e cura em nossa igreja e em certo dia uma determinada irmã pediu oração pois sua coluna não estava normal. Ela percebia que seus movimentos não eram os mesmos, o que causava dor e desconforto. Ao impor as mãos sobre ela, senti que Deus queria curá-la física e espiritualmente.

Comecei a orar por ela e o poder de Deus foi tão intenso naquele lugar que ela não suportou ficar de pé e ali, no chão da igreja, ela foi renovada por Deus. Quando se levantou, já não sentia mais nada e sua coluna permitia movimentos normais. A gratidão a Deus era imensurável, pois naquele dia sua fé foi fortalecida e seu vigor restaurado.

Já tinha algum tempo que ela não atendia as reuniões com frequência devido a doença, e com isso o desânimo havia tomado espaço em seu ser. Agora, estava livre para adorar a Deus no templo mais uma vez. Ao chegar em casa compartilhou a cura com seu esposo que também foi reavivado com aquela cura e juntos continuam buscando o Altíssimo.

Obediência gera milagre

Outro aspecto fundamental na busca a Deus é a obediência. Quando obedecemos a Deus o milagre acontece, seja em qual for a área de nossa existência. A própria Bíblia nos ensina que "a obediência é mais importante do que sacrifícios" (vide 1 Samuel 15:22). Mas, quantas vezes nos enganamos a nós mesmos e até jejuamos, cumprimos com rituais, mas desobedecemos a Deus descaradamente quando Ele nos pede para fazermos algo que não seja para nosso próprio benefício?

Quem nos dera vermos as pessoas ao nosso redor com os olhos Dele por alguns segundos e as amarmos com o amor que Ele ama, termos a coragem de nos sacrificar por outros que necessitam de nós. Faça um propósito de obedecê-Lo mais, pois os resultados são profundos.

Me recordo de um culto em 2015. Cheguei ao templo me arrastando, não usava uma bengala ou muleta porque não as tinha em casa. Minha coluna havia se deslocado e a dor era maior do que minhas forças. Eu já havia tomado remédios para dor, feito massagens, usado uma pomada comum entre os atletas e até uma outra usada em cavalos, que uma irmã me indicou.

Eu havia feito tudo que estava ao meu alcance, mas sem nenhum resultado positivo. Devido a minha condição com a fibromialgia (note bem que eu não chamo esta doença de minha, pois ela está me afetando mas não me pertence), remédios e métodos comuns quase nunca funcionam, pois o corpo se torna resistente a medicação contra a dor e os músculos tem dificuldade de se recuperarem. Além disso, qualquer incidente se torna mais difícil de superar.

Mas, voltemos ao culto de domingo. Subi ao púlpito para ministrar o momento de adoração e louvor ao Senhor e levar a igreja a adorar a Deus juntamente com nossa equipe de louvor. Assim que eu comecei a ministração, Deus bradou em meus ouvidos de forma impactante e clara: "Pare o louvor e comece a ministrar a cura sobre os enfermos".

Sem nenhuma demora parei o louvor e compartilhei com a igreja o que Deus havia me dito. Obedeci ao comando de Deus e a presença Dele foi derramada naquele lugar de tal modo que me fez lembrar de como Sua presença invadiu a tenda da congregação no Antigo Testamento:

"Então a nuvem cobriu a Tenda do Encontro, e a Glória de Yahweh encheu todas as dependências do Tabernáculo."

Êxodo 40:34

Inesperadamente Deus tocou em minha coluna e a colocou no lugar novamente. Que surpresa maravilhosa me fez o Senhor Jesus! Enquanto eu obedecia a sua direção de orar por outros, Ele fez por mim o que eu mais precisava. Depois daquele dia minha coluna não saiu mais do lugar.

Jeová Rafa, o Deus que sara, me curou e quer curá-lo também. Apenas creia, persevere e obedeça e a qualquer momento você poderá ser surpreendido com as maravilhas Dele sendo operadas em você e através da sua vida.

"Aquele, porém, que atenta bem para a lei perfeita da liberdade e nisso persevera, não sendo ouvinte esquecido, mas fazedor da obra, este tal será bem-aventurado no seu feito".

Tiago 1:25

CAPÍTULO 13

Atitudes que Curam

Até esse momento você já sabe que Deus deseja curá-lo e sobretudo fazer de você instrumento de cura para outras pessoas, afinal o verdadeiro sentido do Evangelho é que possamos servir a outros a semelhança do nosso Mestre. Por isso o convido a refletir qual seria a nossa participação na cura das pessoas.

Sabemos que há aquilo que não compete a nós, que vai além da nossa capacidade, no entanto há também uma postura que podemos assumir para ser agente de cura e sobre isso gostaria de refletir nesse capítulo. Desse modo compartilho aqui algumas atitudes que fazem de nós vasos de benção e ferramentas de transformação na vida de outros:

1- PROFETIZE PALAVRAS DE BENÇÃO

Sabemos que o que flui dos nossos lábios tem o poder de trazer benção ou maldição, por isso nossos lábios precisam ser um canal de benção, cura, vida e paz. A Palavra de Deus é recheada com palavras que podemos profetizar sobre nossa vida e na vida daqueles que nos cercam.

Por pior que esteja a situação de alguém, se profetizarmos o que a palavra de Deus diz podemos crer na solução do problema, precisamos então decretar com fé e firmeza aquilo que Deus diz a respeito de cada um de nós. Também precisamos repreender o mal com autoridade no nome de Jesus e não nos esquecermos de celebrar a vitória. Um versículo em Isaías que gosto muito e por muitas vezes usei-o em minhas orações é:

> *"Então temerão o nome do Senhor desde o poente, e a sua glória desde o nascente do sol; vindo o inimigo como uma corrente de águas, o Espírito do Senhor arvorará contra ele a sua bandeira".*

Isaías 59:19

Busquemos a vitória em Deus e se o diabo se levantar contra nós, não precisamos temer porque o Espírito Santo arvorará contra ele a bandeira da vitória.

2- ORE PELA PESSOA

> *"Orai uns pelos outros, para que sareis. A oração feita por um justo pode muito em seus efeitos."*

Romanos 5:16

A oração sempre será uma das principais peças no quebra-cabeça da vitória. Não tem como sermos vencedores, abençoarmos outros e lutarmos no mundo espiritual se não oramos. Se pedirmos, Deus nos dará a sabedoria de como orarmos pela restauração crendo no milagre.

> *"Clama a mim, e responder-te-ei e anunciar-te-ei coisas grandes e firmes, que não sabes."*

> *Jeremias 33:3*

Devemos tomar cuidado para não orarmos contra o que Deus quer para o ser humano. Se alguém está doente e comcçarmos a pedir que Deus abrevie o sofrimento e leve a pessoa, enquanto seu pedido de oração havia sido para a cura, estaremos trazendo tristeza e falta de fé para o(a) doente. Já conheci pessoas que devido a seus próprios interesses oraram pela morte de alguém ao invés de profetizar a vida. Nossa oração precisa ser como a oração de Paulo pelos Filipenses:

> *"Esta é a minha oração: Que o amor de vocês aumente cada vez mais em conhecimento e em toda a percepção, para discernirem o que é melhor, a fim de serem puros e irrepreensíveis até o dia de Cristo, cheios do fruto da justiça, fruto que vem por meio de Jesus Cristo, para glória e louvor de Deus".*

> *Filipenses 1:9-11*

Tudo o que fazemos precisa ser em amor, precisamos nos colocar no lugar da pessoa pela qual estamos orando, intercedendo ou jejuando. Este processo não será fácil, mas a satisfação de contemplarmos as pessoas curadas e testemunhando sua cura não tem preço.

Pense na satisfação em saber de que Deus, o todo poderoso, te capacitou para enfrentar os obstáculos e muitos levantes do inferno para que a transformação de alguém que estava ferido pudesse se tornar realidade. Toda honra e Gloria seja dada a Ele, o nosso soberano Deus.

> *"Porque Dele e por Ele, e para Ele, são todas as coisas; glória, pois, a Ele eternamente. Amém."*
>
> *Tiago 5:16b*

Precisamos ter intimidade com Deus através da oração, para que Ele possa nos usar de maneira que Seu nome receba a glória devida. Sejamos homens e mulheres de oração. O mundo em que vivemos necessita de intercessores, de pessoas que paguem o preço na oração para que respostas sejam alcançadas.

> *"Não estejais inquietos por coisa alguma; antes, as vossas petições sejam em tudo conhecidas diante de Deus, pela oração e súplicas, com ação de graças. E a paz de Deus, que excede todo o entendimento, guardará os vossos corações e os vossos sentimentos em Cristo Jesus."*
>
> *Filipenses 4:6-7*

Mas uma vez Deus nos instrui a orar sem cessar como relata a Palavra de Deus "Orai sem cessar". (vide 1 Tessalonicenses 5:17). Orar com fé e trazer diante Dele as causas pelas quais estamos lutando e com isso Ele, o bondoso Deus, trará paz, tranquilidade e resposta aos nossos pedidos.

3- COMPARTILHE UM VERSÍCULO BÍBLICO

A Bíblia sempre será a fonte certa e segura das palavras que devemos usar. Esta era de tecnologia tem colocado em nossas mãos diferenciadas oportunidades para disseminarmos a Palavra de Deus. Temos acesso ao WhatsApp, E-mail, Facebook, Instagram, Twitter, e outros mais que ainda nem conheço.

No entanto, infelizmente estes meios são mais usados para compartilhar informações que não trazem nenhuma edificação secular ou espiritual. Mas, cabe a nós, como cristãos, revolucionar estes canais e levarmos a cura, libertação e salvação de almas para o reino de Deus através deles.

Façamos um propósito de mandarmos versículos bíblicos através destes canais e ainda chamadas telefônicas para abençoar a vida de pessoas que necessitam de curas ao nosso redor. Segue abaixo alguns exemplos de versículos que podemos usar:

"Certamente ele tomou sobre si as nossas enfermidades e sobre si levou as nossas doenças; contudo nós o consideramos castigado por Deus, por Deus atingido e afligido. Mas ele foi traspassado por causa das nossas transgressões, foi esmagado por causa de nossas iniquidades; o castigo que nos trouxe paz estava sobre ele, e pelas suas feridas fomos curados."

Isaías 53:4-5

> *"Amado, oro para que você tenha boa saúde e tudo corra bem, assim como vai bem a sua alma."*
>
> 3 João 1:2
>
> *"Meu filho, escute o que digo a você; preste atenção às minhas palavras. Nunca as perca de vista; guarde-as no fundo do coração, pois são vida para quem as encontra e saúde para todo o seu ser."*
>
> Provérbios 4:20-22

Crie o hábito de abençoar outros com a Palavra de Deus. Não faça isso só uma vez ou outra, tome nota, adicione na sua agenda ou calendário, e não perca o foco de levar a Palavra de Deus para aqueles que a necessitam. Tenho certeza de que conforme você for se adaptando a mandar os versículos, Deus irá te trazer a memória o nome de outras pessoas que precisam ser abençoadas e curadas pelas palavras de vida.

4- SEJA AMIGO

Amizade e algo muito lindo e é algo que não encontramos em qualquer lugar ou em qualquer esquina. Um amigo é conquistado no coração através do amor. Amigos verdadeiros choram e sorriem conosco em todas as ocasiões sem qualquer falsidade. Um amigo é alguém em quem podemos confiar em qualquer circunstância, sem a preocupação de sermos julgados.

Encontrar um amigo verdadeiro é uma raridade no mundo em que vivemos hoje, é como encontrar uma pérola de muito valor. Mas, como servos de Deus temos a obrigação de sermos sinceros, e quando decidimos oferecer nossa amizade a alguém, precisamos agir com lealdade e imitarmos o comportamento de Cristo.

"O homem de muitos amigos deve mostrar-se amigável, mas há um amigo mais chegado do que um irmão."

Provérbios 18:24

"O amigo ama em todos os momentos; é um irmão na adversidade".

Provérbios 17:17

Como podemos garantir que nossos amigos nunca nos trairão? Na verdade, não o podemos. Mas independentemente deste fator, se formos decepcionados por um amigo, não podemos desistir de nossa cura, de nossa restauração completa. Lembremo-nos que nosso amigo Jesus, o amigo dos amigos nunca falhará e jamais desistirá de nós.

Eu compreendo que muitas pessoas não têm tido um verdadeiro amigo para compartilhar sua dor, seus momentos de tristeza e fraqueza. Precisamos convidar Jesus para ser nosso melhor amigo e com a ajuda Dele convidarmos outras pessoas para fazerem parte de nossa vida. Deixe Jesus te abraçar hoje, sinta o amor Dele por você e abra seu coração, deixando que Ele faça morada em seu ser.

"Ninguém tem maior amor do que aquele que dá a sua vida pelos seus amigos. Vocês serão meus amigos, se fizerem o que eu ordeno. Já não os chamo servos, porque o servo não sabe o que o seu senhor faz. Em vez disso, eu os tenho chamado amigos, porque

 ELAINE DASILVA

> *tudo o que ouvi de meu Pai eu tornei conhe-*
> *cido a vocês."*
>
> *João 15:13-15*

Não me canso de ler e reler estes versículos, pois vejo neles o amor de Deus claramente demonstrado por todos nós e meu desejo é que esta porção bíblica seja um convite para sermos amigos verdadeiros e fazermos quem nos rodeia se sentir tão amado como nos sentimos pelo Senhor.

5- FAÇA UMA VISITA

Visitar as pessoas sem interesse pessoal, somente para ajudá-las tem se tornado uma raridade. Nossa correria diária tem sido nossa desculpa e tem nos impedidos de tirar uns minutinhos para abençoarmos uns aos outros.

Já não ouvimos falar em pessoas cozinhando para alguém que está doente, ou visitando alguém que não se locomove com facilidade, e muito menos visitas a pessoas com doenças emocionais. Se pudéssemos entender o valor de uma visita e especialmente quando as pessoas podem testificar de nossa intenção pura ao ajudá-los, seríamos mais ativos nesta área.

Lembro-me de um senhor que estava orando e Deus o mandou ir ao supermercado. Ao chegar lá, Deus disse que abraçasse o rapaz que passava a frente dele e dissesse que Jesus o amava. Ele obedeceu a voz de Deus independente do temor de que as pessoas olhassem para ele como se estivesse louco.

Imediatamente o rapaz começou a chorar de emoção e compartilhou que sua vida havia sido um vale de sofrimento, sentia-se sem valor e aquela era a primeira vez que ele ouviu e sentiu que alguém o amava. Conforme a conversa continuava, ele confessou seu plano de suicídio.

O plano daquele jovem era chegar em casa e, com a arma que já estava preparada, dar um tiro em seu ouvido. Ele estava convencido de que o suicídio era a única saída, mas aquele senhor o ofereceu a oportunidade de se render a Cristo, deixar que Ele fosse o centro de seu existir, e aceitá-lo como Senhor de sua vida, ao que o jovem prontamente atendeu.

Juntos fizeram a oração de confissão e daquele momento em diante Deus pode começar o processo de cura na vida dele. Pela obediência de um servo de Deus, Jesus salvou e perdoou seus pecados e livrou aquela vida não só da morte física como da morte eterna.

> *"Se, com tua boca, confessares que Jesus é Senhor, e creres em teu coração que Deus o ressuscitou dentre os mortos, serás salvo!"*
>
> *Romanos 10:9*

Quem diria que um abraço pudesse ser tão importante? Vivemos em uma sociedade sedenta de amor e encorajamento. Pessoas andam desesperadas de casa para o trabalho, do trabalho para casa ou faculdade e não encontram descanso para suas almas. Muitos simplesmente desejando receber somente um abraço.

Se você sente a direção de Deus para fazer visitas, comece a se consagrar desde já, para que no momento em que Deus indicar aonde ir, você esteja preparado e possa ser uma benção. Precisamos ser vigilantes para não agirmos por nossas emoções ou necessidade de mostrarmos aos outros que estamos obedecendo a Deus.

> *"Mas, quando tu deres esmola, não saiba a tua mão esquerda o que faz a tua direita".*
>
> *Mateus 6:3*

Conservemos um coração reto em relação a realizar a obra de Deus, pois jamais devemos buscar nossa própria glória, pois nosso galardão não é aqui, mas no céu. Devemos também desejar ser pessoas que distribuem palavras de esperança e não de desespero.

Não posso negar de que, as vezes Deus tem me ordenado entregar mensagens que podem ser difíceis de entregar, mas para isso, Deus também tem me dado sabedoria e discernimento para saber quando e como entregar o que Deus está ordenando. Gostaria de enfatizar de que independente de entregar mensagens positivas ou negativas, eu busco confirmação de Deus antes de falar o que quer que seja.

Digo isso pois sei que nem todos os sentimentos que temos vem de Deus, e dependendo do assunto precisamos fazer prova com Deus para ter a certeza de que não destruiremos as pessoas ao invés de ajudá-las a alcançar sua cura.

Ainda me lembro de uma visita que fizemos a uma senhora, amiga de muitos anos, que estava doente. Ao chegarmos em sua casa encontramos diversas pessoas ali, pois ela era amada por todos a sua volta. Começamos então um clamor a Deus, e todos de mãos dadas, em união, oramos pela intervenção divina, pois Jeová Rafa, o Deus que sara, era o único que poderia curá-la. Pudemos sentir o poder de Deus naquele lugar e após a oração seu esposo e filhas estavam sorrindo e confiantes.

No entanto, para nossa surpresa, uma pessoa que ali estava, começou deliberadamente a falar para as filhas da senhora que estava doente, que ela iria morrer em pouco tempo e que elas deveriam se preparar para isso. Em questão de minutos o clima de paz e esperança se tornou em um campo de batalha espiritual e de tristeza profunda acompanhada de medo e falta de fé.

Naquela hora, meu esposo e eu alertamos a todos de que Deus é o Deus do impossível e de que Ele estava no controle daquela situação. Eu agradeço a Deus por estarmos ali quando aquele cenário se desencadeou, pois pudemos agir rapidamente debaixo da direção do Espírito Santo e trouxemos novamente uma palavra de esperança a todos.

Para a glória de Deus a senhora que estava doente foi completamente curada e passados vários anos do ocorrido, ela segue firme e forte servindo a Jesus com alegria e gratidão, sempre louvando a Deus pela misericórdia Dele em sua vida.

Por isso, insisto que tomemos todo o cuidado possível para sermos canal de bondade, amor e fé e não de desespero, pois palavras são capazes de amaldiçoar e destruir outros ou edificar e abençoar. Que ao visitarmos alguém, preenchamos o ambiente com louvores, leiamos a Bíblia e oremos com a família ou a pessoa com a qual nos encontramos, orações feitas com fé, pois é certo que o Senhor nos ouvirá.

> *"E esta é a confiança que temos nele: que, se pedirmos alguma coisa, segundo a sua vontade, ele nos ouve".*
>
> *1 João 5:14*

Apresentemo-nos como exemplos de vida para os feridos, agindo de forma que nosso próximo se sinta ajudado e abençoado por nós. Compartilhe também bênçãos materiais com outros, tais como roupas e sapatos em boas condições, uma Bíblia para quem não tem, um prato de comida ou o que

     ELAINE DASILVA

estiver ao seu alcance. Eu e meu esposo temos vivido a experiência de pela fé, compartilharmos o último que temos, e Deus tem nos recompensado e derramado bençãos sem medida.

> *"Se alguém tiver recursos materiais e, vendo seu irmão em necessidade, não se compadecer dele, como pode permanecer nele o amor de Deus?"*
>
> *1 João 3:17*

Nos doarmos para a alegria de outros traz mais satisfação a nós mesmos do que para aqueles que recebem nossa demonstração de carinho e compaixão. Pois conforme nos ensina a Palavra de Deus: "é melhor dar que receber" (Vide Atos 20:35).

6- SEJA COMPREENSIVO

Gostaria de compartilhar uma história que me emociona e me inspira grandemente. Helen Keller era uma bebê de um ano e sete meses quando perdeu a visão e a audição como resultado de uma doença que lhe acometera. Esta realidade na vida de Helen Keller a deixou depressiva, agressiva e sem esperança de um futuro promissor, até que ela conheceu a professora Ann Sullivan.

Esta instrutora a compreendeu e a ajudou a superar as barreiras criadas por suas desabilidades. Ann Sullivan compreendia as dificuldades associadas a cegueira pois ela mesma era quase cega. Ela também foi responsável por ajudar Helen Keller a ser curada de suas feridas emocionais.

Ann Sullivan desenvolveu um método de ensino através das mãos de Helen e a ajudou a entender que independente de sua situação, era possível aprender coisas novas e se desenvolver. Ela proporcionou a Helen uma nova esperança, o desejo e certeza de que ela iria aprender a ler, escrever e soletrar em braile.

Com a ajuda de sua mentora, Helen aprendeu que sua deficiência física poderia ser uma barreira difícil de enfrentar, mas não seria o fim da estrada. As obras "A empatia é a chave da benignidade e da compaixão" e "Resumo da biografia de Helen Keller" relatam que a senhora Sullivan certamente compreendia a dor emocional que Helen sentia, pois foi a primeira pessoa muda e cega a se formar em um instituto em um nível de educação mais elevado graduando na área de filosofia. Defendeu direitos sociais, especialmente os voltados às pessoas com deficiência.

Helen superou os obstáculos inspirada por Ann Sullivan e viveu sua vida ajudando pessoas que tinham a mesma deficiência que ela. Tudo porque um dia foi compreendida por alguém.

> *"Contanto que você possa aliviar a dor de alguém, a vida não é em vão".*
>
> *Helen Keller*

Quando somos compreensivos e determinamos em nosso coração sermos participantes na solução e não na criação de problemas, podemos ser fonte de transformação na vida dos que estão feridos. A história de Helen Keller poderia ter sido totalmente diferente, se não fosse pela bondade de uma professora que acreditava na capacidade dela.

Problemas físicos e emocionais podem causar ansiedade, depressão e até mesmo mudança em temperamento, de tal modo que as pessoas não percebem que estão tendo estes problemas. Pessoas que hoje se recuperaram e estão curadas

   ELAINE DASILVA

podem testificar de que não entendiam o porquê de estarem sós e desprezadas.

Pessoas que estão enfrentando problemas dessa natureza não se dão conta de que seus comportamentos afastam outros, e estes por sua vez não entendem que precisam ser compreensivos e compassivos diante do momento de dor e sofrimento do outro. Um sofrimento que afeta a vida física, emocional, espiritual e intelectual destes indivíduos.

Seja você a resposta à necessidade de alguém, um agente de cura e transformação. Todos nós temos necessidades e problemas, mas o melhor que podemos fazer por nós mesmos é não orbitar em volta deles e estender a mão para o outro, assim nós ressignificamos a nossa dor e nos tornamos semelhantes ao Deus que professamos servir.

CAPÍTULO 14

Atitudes que Ferem

Vimos anteriormente quais seriam as atitudes que podem curar pessoas, agora me dedico a falar-lhes um pouco sobre o que não deve ser feito quando estamos diante de alguém que necessita de cura. Essas são posturas que compartilho baseadas em minhas experiências de vida pessoal, pastoral e psicológica, e peço ao Senhor que sejam esclarecedoras para todos os que desejam ser usados por Deus.

1- JULGAR

Não importa a semelhança entre meu problema e o seu, nós jamais agiremos da mesma forma ou teremos os mesmos resultados. Enquanto para alguém uma enxaqueca que persiste por meses pode ser um fato normal da vida, para outra isso pode ser a última gota em uma situação devastadora.

Digo isso pois, quando nos colocamos na posição de juízes e tiramos conclusões precipitadas sobre alguém com enfermidade física, espiritual ou emocional, podemos estar agravando a condição daquela pessoa. Por exemplo: Se o problema era físico, agora pode se tonar uma ferida emocional, o que por sua vez agravara a situação física duas vezes mais. Desse modo, qual é o benefício que trouxemos para esta situação? Qual a recompensa que iremos receber por ter agravado a tristeza de alguém?

De acordo com o dicionário Priberam, julgar é: "proceder ao exame da causa de; decidir (como juiz, árbitro, etc.), sentenciar, formar juízo acerca de, imaginar, crer, supor, ter na conta de. Pronunciar sentença, formar conceito. Ser juiz de si mesmo; avaliar-se; crer-se."

No entanto, não podemos nos esquecer que Deus é o nosso juiz e Senhor e não podemos nem devemos tomar o lugar de Deus para julgar ou criticar alguém. Todas as nossas obras serão julgadas e tudo o que fazemos está conectado não apenas com a lei da semeadura como também ao fato que de agirmos com amor e bondade para com os outros é nossa obrigação.

Gosto da colocação de meu esposo quando diz: "irmãos, em seus passos o que faria Jesus?" Esta frase usada por ele é o título de um livro e um filme evangélico também. Como cristãos ou mesmo como seres humanos precisamos exercitar mais as atitudes de Jesus, ser mais parecidos com Ele.

Quantas foram as situações em que Jesus estava com toda a razão, no entanto, resolveu não julgar, mas estender a mão e socorrer aqueles que precisavam de ajuda. Você se lembra da mulher pega em adultério? Dos cegos curados por Jesus? Dos oprimidos libertos?

Jesus curava e ainda cura hoje. Nos também fomos curados por ele espiritualmente, emocionalmente e fisicamente para curarmos outras pessoas. Reflita comigo nestas passagens bíblicas:

"Mas tu, por que julgas a teu irmão? Pois todos havemos de comparecer perante o tribunal de Cristo."

Romanos 14:10

"Não julguem, para que vocês não sejam julgados. Pois da mesma forma que julgarem, vocês serão julgados; e a medida que usarem, também será usada para medir vocês. Por que você repara no cisco que está no olho do seu irmão e não se dá conta da viga que está em seu próprio olho? Como você pode dizer ao seu irmão: 'Deixe-me tirar o cisco do seu olho', quando há uma viga no seu? Hipócrita, tire primeiro a viga do seu olho, e então você verá claramente para tirar o cisco do olho do seu irmão".

Mateus 7:1-5

"Não julguem e vocês não serão julgados. Não condenem e não serão condenados. Perdoem e serão perdoados. Deem e será dado a vocês: uma boa medida, calcada, sacudida e transbordante será dada a vocês. Pois a medida que usarem também será usada para medir vocês".

Lucas 6:37-38

Este é o momento de tomarmos uma decisão inteligente e consciente de não sermos instrumentos de julgamento, mas de cura. A Bíblia nos ensina a renovarmos o nosso entendimento e dessa forma agirmos de acordo com o coração de Deus. Se agirmos sem julgamento, nós e nossas famílias serão abençoadas pelo Senhor em todas as áreas.

2- FALAR MAL

"Se alguém declarar: "Eu amo a Deus!", porém odiar a seu irmão, é mentiroso, porquanto quem não ama seu irmão, a quem vê, não pode amar a Deus, a quem não enxerga."

1 Joao 4.20

Olhem só que responsabilidade temos nós, já que a Palavra de Deus nos ensina a amar nosso próximo e falar bem das pessoas. Jesus sendo perfeito, opta por ver o melhor em todos nós, ainda que nossas falhas não sejam invisíveis aos olhos Dele, Ele opta por dar maior importância as boas qualidades que Ele mesmo colocou em nós.

Pense bem, se Jesus salva e liberta um criminoso ou serial killer, e demonstra amor e compaixão por eles, por que as vezes queremos tomar o lugar de Deus e dar lugar a nossa tendência humana? Quando falamos mal das pessoas damos lugar ao diabo e acumulamos maldição sobre nossas vidas.

Não existe nada mais triste do que o espírito enganoso em um ser humano, que em nossa presença nos elogia e até oferece uma amizade profunda, mas ao se retirar se torna em um instrumento de destruição com suas palavras. Esta atitude não só desagrada a Deus, mas traz peso e destruição espiritual e até física para aqueles que optam por esta prática. Meditemos no que Tiago diz:

> *"Com ela bendizemos a Deus e Pai, e com ela amaldiçoamos os homens, feitos à semelhança de Deus: de uma mesma boca procede bênção e maldição. Meus irmãos, não convém que isto se faça assim".*
>
> *Tiago 3:9-10*

Não podemos evitar que pessoas se aproximem de nós com a intenção de compartilhar informações que não nos pertence sabermos. No entanto, com carinho e amor cristão, podemos convidar a pessoa que se aproximou de nós a orarmos pelo indivíduo que não está presente e deixarmos Deus entrar naquela situação, pois a pessoa em questão também é amada por Deus.

Agradar e obedecer a Deus é mais importante que agradar as pessoas que com malícia tentam nos incluir em situações que não contribuem para o bem de ninguém. Servir a Deus, agradando-o em qualquer circunstância, as vezes exige sacrifícios e decisões difíceis de tomar, por isso não tema eliminar conversas desnecessárias.

Saiba que muitos indivíduos que precisam de cura, tem muita carência emocional e procuram chamar atenção a si próprios, mesmo que para isso precisem denegrir a imagem de outros. Não faça parte desta equipe destruidora, sendo conivente com a maledicência, seja contra irmãos, pastores, líderes ou quem quer que seja.

Vale salientar que, independente de seus defeitos, a liderança de nossas igrejas foi chamada por Deus para o ministério. Existe uma responsabilidade séria sobre a vida de pastores, diáconos, presbíteros e obreiros em geral. Oremos mais por cada um deles e os apresentemos diante de Deus, com amor verdadeiro. Fazê-lo é muito mais eficaz que tecer comentários desnecessários. Veja o que a Bíblia nos ensina:

> *"Irmãos, não falem mal uns dos outros. Quem fala contra o seu irmão ou julga o seu irmão fala contra a Lei e a julga. Quando você julga a Lei, não a está cumprindo, mas está agindo como juiz. Há apenas um Legislador e Juiz, aquele que pode salvar e destruir. Mas quem é você para julgar o seu próximo?"*

> *Tiago 4:11-12*

> *"Não dê atenção a todas as palavras que o povo diz, caso contrário, poderá ouvir o seu próprio servo falando mal de você".*

> *Eclesiastes 7:21*

Se dizemos amar a Deus, precisamos diariamente fazer o compromisso de obedecer a Ele e não darmos espaço para a maldade. Palavras maldizentes podem destruir vidas. Uma ilustração que pode nos ajudar a entender o perigo de nossas palavras é a seguinte:

"Imagine-se, num dia de vento forte, no último andar do mais alto prédio que você já viu. Agora, abra um pacote de penas e as jogue pela janela. Tarefa feita? Ok. Agora, desça ao térreo, saia do prédio e ajunte cada pena solta lá de cima. Impossível? Sim, impossível. Assim são as palavras desnecessárias, maldosas, rancorosas e inapropriadas que dizemos sobre outras pessoas. Elas jamais poderão ser recolhidas. Mesmo que tentemos concertar o mal que falamos, nem todas as pessoas atingidas por nossa malícia, saberão da verdade. Pois assim como o vento carregou aquelas penas por distâncias inimagináveis, assim as palavras que proferimos sobre outros, sejam boas ou más, alcançarão patamares inexplicáveis".

Somos chamados para ser canal de vida e cura, por isso plante bons frutos e comerás o melhor dessa terra. Jesus tem colocado a nossa disposição as melhores sementes, não nos contaminemos com sementes de valor inferior que o diabo coloca em nossa frente.

3- ACONSELHAR SEM CONHECIMENTO

Em diversos casos, o estrago causado por conselhos errados é mais prejudicial do que feridas físicas. Em meu ministério tenho atendido pessoas que se sentiam perdidas e destruídas por causa de conselhos baseados em convicções humanas.

Como já mencionamos em outro capítulo, mesmo que a situação que duas pessoas estejam enfrentando sejam semelhantes, os resultados normalmente não o são. Por isso, aconselhar sem o conhecimento necessário pode se tornar destrutivo e invalidar o propósito do aconselhamento.

Outro agravante é o fato de conhecermos a Palavra de Deus. Se os conselhos oferecidos não representam os mandamentos bíblicos, melhor será ficarmos calados. A Bíblia põe uma responsabilidade pesada sobre os que fazem outros tropeçar, pois Deus não vê aconselhamento contrário à sua Palavra como uma opção.

Um exemplo claro é o aconselhamento conjugal. Pessoas que estão passando por crises no casamento, onde ambos estão feridos e necessitados de cura, podem se tornar alvos de conselhos egoístas e sem base bíblica. Em muitos casos, um dos cônjuges, ou ambos, se sentem confiantes em uma amizade e resolvem compartilhar sua dificuldade e abrir seu coração sem resguardo de detalhes.

Mas o que não sabem é que na maioria dos casos, por estas pessoas não serem equipadas com a Palavra de Deus e senso de responsabilidade pela família como projeto de Deus, vão aconselhar de forma partidária, o que pode destruí-los e criar ainda mais feridas.

Na Palavra de Deus encontramos esperança, conselhos de como nos comportarmos como cônjuges, nossas tarefas como esposo ou esposa e acima de tudo como e quando devemos buscar Sua presença. Mesmo que o tempo da resposta que Deus tem para aquela situação não seja o que desejamos, esperar Nele nunca é um erro.

Deus age de maneira que resolve não só a situação que estamos vendo, mas também tudo o que possa estar encoberto aos nossos olhos. Ele tem a verdadeira solução para nossas situações. Não precisamos ter medo e nem podemos parar de lutar, temos que perseverar, esperar pelo tempo Dele, nos submetendo a Sua vontade em todo o tempo, pois só Ele sabe o que é melhor para cada um de nós.

Muitos de nós fomos vítimas de aconselhamento destrutivo e carregamos feridas. No entanto, hoje é um novo dia, uma nova oportunidade, um novo começo para todos os que buscam sabedoria, abraçam a causa de Cristo e a direção de um Deus que não falha.

Ore e peça direção de Deus e procure alguém capacitado para ajudá-lo. Assim, nós fazemos a nossa parte e o Espírito Santo faz a Dele. Este pode ser o primeiro passo para Deus usar-nos para curar e transformar as feridas de outros a nossa volta.

> *"O temor do Senhor é o princípio da sabedoria, e o conhecimento do Santo é entendimento."*
>
> *Provérbios 9:10*

> *"Pois o Senhor é quem dá sabedoria; de sua boca procedem o conhecimento e o discernimento."*
>
> *Provérbios 2:6*

> *"A sabedoria oferece proteção, como o faz o dinheiro, mas a vantagem do conhecimento é esta: a sabedoria preserva a vida de quem a possui."*
>
> *Eclesiastes 7:12*

Busque sabedoria de Deus, e Ele vai se responsabilizar em dar-lhe toda a capacitação necessária e o usará para honra e glória de Seu nome.

4 – MINIMIZAR A CONDIÇÃO ALHEIA

Já enfrentei muita tristeza por pessoas compararem seu sofrimento ao meu. Era muito decepcionante quando até mesmo médicos, enfermeiros e terapeutas comparavam o que eu estava sentindo com outros pacientes ou descreviam a mim como um quadro sem esperança. Houve situações em que eles duvidavam do grau de dor que me afligia. Me mandavam para casa quase sem novos recursos.

Lembro também de uma atendente de aviação, que ao pedir por sua ajuda e explicar-lhe minha situação física, ficou irritada e com voz alta falava que me ajudar com minha mala não era parte das atividades dela e não queria permitir que outro passageiro me ajudasse.

Todas estas afrontas faziam com que minha dor física se tornasse ainda mais agravada, sem contar com a dor emocional, com a sensação de desamparo, solidão e tristeza. Mas

Deus sempre foi meu confidente e me socorreu nestes momentos tão difíceis, além de contar com o apoio de meu esposo, sempre muito amável, sofrendo comigo as afrontas que vinham de todas as direções. São incontáveis as vezes que eu procurava não compartilhar com ele os insultos recebidos para não vê-lo sofrendo.

Você consegue lembrar da maneira que se sentiu quando alguém lhe disse algo como: eu sei o que você está passando, já passei pela mesma situação! Lembra da angústia que entrou em seu coração pelo fato de não ter podido nem mesmo ser dono de seu próprio sofrimento?

Gostaria de aconselhá-lo a ter uma atitude diferente quando alguém vier ao seu encontro para desabafar sobre suas dores. Diga algo como: "Eu não faço ideia da dor que você esteja passando, mas eu quero ser benção na sua vida. Eu quero poder te ajudar a carregar esta carga!" Estas palavras abrirão portas para curar as dores e feridas daqueles que se aproximam de você e para honrar e glorificar o nome do Senhor Jesus Cristo. Reflita:

> *"Os sábios acumulam conhecimento, mas a boca do insensato é um convite à ruína."*
>
> *Provérbios 10:14*

> *"Como maçãs de ouro em salvas de prata, assim é a palavra dita a seu tempo."*
>
> *Provérbios 25:11*

Um exemplo de como nós, seres humanos, temos a tendência de minimizar a dor de nosso próximo, foi quando meu filho mais novo, aos três aninhos precisou de uma cirurgia corretiva em seu olho esquerdo para evitar a perda de sua visão. Ele já usava óculos desde os três meses, o que havia nos impactado de forma não positiva. Imagine só, seu pequeno bebê usando óculos!

Com o tempo nos acostumamos com a ideia e até achávamos bonitinho, pois os óculos eram bem pequeninos. Em um de meus próximos livros darei mais detalhes das curas milagrosas na vida do James e sua visão. Mas voltando aos dias antecipando a cirurgia dele, enquanto uma senhora amiga nossa sentia muita compaixão de nós por esta situação, ela compartilhou com outra pessoa sobre nosso dilema.

Essa outra senhora sem demora nem piedade, minimizou o problema dizendo que operações nas vistas são simples. Mas para um pai ou uma mãe, não existe operação simples. Uma anestesia geral cm uma criança com a saúde já debilitada nunca será simples.

Deus está sempre no controle e nós cremos nisto. No entanto, somos seres humanos e vendo nosso pequeno filho tendo que se submeter a um procedimento médico como aquele, que durou diversas horas para a reconstrução da base dos músculos nos olhos, nos trouxe angústia e sofrimento.

Louvo a Deus pois Ele, mais uma vez, foi nosso consolo naquele momento. Jesus disse que no mundo teríamos aflições, mas que tivéssemos bom animo, pois Ele venceu o mundo, e com isso eu tinha certeza de que tudo ficaria bem.

> *"Eu disse essas coisas para que em mim vocês tenham paz. Neste mundo vocês terão aflições; contudo, tenham ânimo! Eu venci o mundo"*
>
> *Joao 16.33*

Nós jamais sabemos o que está por vir na nossa caminhada, por isso é importante termos compaixão uns dos outros. São quase incontáveis as vezes em que pessoas que me desprezaram por minha dor, ou minimizaram meu sofrimento e de minha família, mas que mais tarde recorreram a nós pedindo socorro. Agradeço a Deus, pois durante este processo de cura em minha vida, Ele tem me ensinado a amar mesmo os que me desprezam, os que se levantam com ódio e furor contra nossas vidas e ministério.

Como servos de Deus, cuidemos para que não venhamos a ser vítimas deste mal de minimizar a dor dos outros ou comparar o que eles estão passando com nossa própria situação. Deus permite passarmos por circunstâncias difíceis para que a cura de nossas feridas possa transformar a história de quem já não tem mais esperanças de ser curado. Esteja preparado, Deus quer usar VOCÊ.

4- LANÇAR PALAVRAS DESTRUTIVAS

Fico impressionada de como Deus pensou em todos os detalhes quando inspirava os escritores que iriam compor os livros da Bíblia, pois ela é mesmo nosso manual do usuário. Todos os pormenores necessários para nosso desenvolvimento humano e cristão estão nela.

Deus, o autor sagrado, em sua infinita sabedoria e conhecendo as particularidades de cada ser humano, deixou suas instruções registradas a todos nós, por isso, façamos dela nossa leitura diária e assim estaremos prontos a abençoar e ser abençoados.

> *"A morte e a vida estão no poder da língua; e aquele que a ama comerá do seu fruto."*

> *Provérbios 18:21*

Como o versículo acima menciona, nossas palavras têm poder. Devemos pensar antes de falar, segurar nossa razão e pedir direcionamento de Deus para falarmos o que é certo, no tempo certo. Devemos nos calar mais frequentemente para que quando abrirmos nossa boca, nossas palavras possam ter um efeito mais real e verdadeiro.

Eu particularmente sempre peço a Deus para passar uma tenaz nos meus lábios como ele fez com Isaías. Somos falhos e imperfeitos, mas temos um Deus perfeito que habita em nós. A responsabilidade da vigilância com as palavras para não profetizarmos destruição é inteiramente nossa.

Jamais poderemos nos justificar diante de Deus por termos usado linguagem destruidora na hora da raiva, ou por nos sentirmos na razão da questão. Mais uma vez enfatizo: nossas palavras têm poder e a responsabilidade de usá-las sabiamente é nossa.

Me deixem compartilhar com vocês a história de uma moça que nos procurou pedindo socorro em oração. Sua alma estava ferida e sua saúde emocional devastada devido a palavras de maldição constantemente profetizadas em sua vida e na vida de seus irmãos por parte de sua mãe.

Somos uma geração de pessoas doentes formando uma nova geração ainda mais devastada. E esta é mais uma razão pela qual resolvi escrever este livro, pois nós precisamos tomar as rédeas desta situação e levá-la à presença de Deus para que nossa cura aconteça e assim podermos influenciar nossos filhos e outras pessoas ao nosso redor para também buscarem a Deus e a cura que Ele oferece.

Aquela mãe, que só a eternidade revelará as feridas que passou, chegou ao desespero de profetizar uma morte específica a um de seus filhos e isto aconteceu, o que deixou aquela jovem ainda mais desesperada e cheia de rancor. En-

   ELAINE DASILVA

quanto ela relatava as histórias e este fato horrendo, nossos corações sentiram sua dor e tristeza.

Assim, oramos juntas, ela tomou a decisão consciente de perdoar e liberou perdão para sua mãe, Deus curou suas feridas, e hoje ela está fortalecida, continua buscando sua saúde emocional e serve a Deus com fidelidade.

Temos diante de nós a oportunidade de atuar como pessoas que ministram a cura de Deus na vida de outros ou como agentes de destruição e instrumentos potencializadores das dores humanas. Deus nos criou para operarmos como agentes curadores, por isso decida hoje mesmo colocar aos pés da cruz os comportamentos e atitudes que precisam ser modificados e decida hoje mesmo ser curado.

Conclusão

Enquanto eu trabalhava neste livro, Deus ainda falava comigo de forma profunda e o mesmo eu desejo a você. Que cada página lhe tenha ministrado esperança, conforto e acrescentado sua fé. Não permita que as feridas que você carrega neste momento te impeçam de ser quem Deus quer que você seja, pois Cristo tem uma nova história e propósitos para serem realizados em sua vida.

Feche seus ouvidos para o negativismo, as palavras de derrota ou de maldição que foram lançadas sobre sua vida e volte a investir em seus sonhos. O nosso Deus é Deus de oportunidades novas e jamais desistiu de você. Rejeição, maus tratos, abuso de todas as formas ou qualquer outro acontecimento em sua vida não mudam o amor Dele por você.

Deus não nos contempla com olhos humanos, mas com o amor de um Criador que ama a obra que criou, independente dos passos errados e das decisões impensadas que possa ter tomado. Somos sua obra prima e Ele nos fez para uma vida mais que abundante.

Como já mencionei, se Ele não tirar o espinho de nossa carne, ele vai nos dar a força necessária para superarmos os obstáculos com aquele espinho. Tendo Deus como centro de nossa vida, as feridas não poderão nos controlar e nossa perspectiva mudará completamente.

Deixemos de focar naquilo que não é essencial e nos lancemos aos pés do Senhor, pois o que adianta ganhar o mundo todo e perder a salvação? Ter o corpo curado e o Espírito doente. "Pois, que adianta ao homem ganhar o mundo inteiro e perder a sua alma?" (Vide Marcos 8:36).

Como ministra do evangelho, eu profetizo que você se levantará das cinzas, do fundo do poço em que se encontra e que as amarras que o prendem sejam desfeitas agora. Que o plano do diabo contra sua vida, seu casamento, e um futuro melhor, sejam destruídos agora. Declaro que toda a maldição hereditária seja destruída em nome de Jesus e que seja curado e prossiga sua jornada em nome Jesus.

Digo a você, querido leitor, que aplique os princípios apresentados neste livro e deixe Deus te usar para curar outros. Você foi escolhido para ser um manancial de bençãos. Meu desejo também é que seu testemunho de vida possa percorrer vários cantos do mundo para que o nome de Jesus possa se tornar mais conhecido.

Jamais se esqueça que você pode todas as coisas Naquele que te fortalece e siga em frente porque as feridas que você passou irão transformar sua vida em um caminho de vitórias, restauração e curas. Não desista de lutar jamais, pois você não está sozinho e Jesus está atravessando o mar com você e o propósito Dele se cumprirá cabalmente e será um canal de benção para muitos.

Prepare-se, chegou sua hora!

Cure vidas em nome de Jesus.

Finalizo com algumas breves palavras provenientes daqueles que receberam suas curas e cujas histórias foram relatadas nesse livro:

"Agradeço em primeiro lugar a Deus pela minha cura e por ter dado a pastora Elaine Dasilva o dom de cura".

Fabrícia Rodrigues

"Agradeço primeiramente a Deus por me enviar a pastora por orar por mim para que eu recebesse a cura do caroço na minha garganta. Agradeço também toda a igreja".

Cristina Santa

"Eu agradeço a Deus, agradeço a pastora Elaine por estar comigo naquele momento tão difícil. Sou muito grata a vocês por ter nos consolado na hora mais difícil da nossa vida".

Cleuza de Araújo

"Muito obrigada pastora por tudo. Obrigada pastora Elaine, por ser uma pastora amiga, carinhosa, mulher de oração. Deus tem usado grandemente a vida da senhora".

Valdineia Viana

"Porque para Deus nada é impossível (Lucas 1:37). Com a força da minha fé eu consegui vencer esta dura batalha contra a doença que consumia meu corpo. Obrigada meu Deus".

Paula Correa

"Deus nos permitiu presenciar o teu poder através da cura da minha filha Marina que sofria de intolerância a lactose desde os três meses, e enquanto a pastora orava a Deus pela febre dela ela foi curada no nome de Jesus da febre e da intolerância a lactose. Sou imensamente grata a Deus porque ele é bom e age nas nossas necessidades".

Munique Macedo

Com muito carinho eu também agradeço a todos vocês que me deram autorização para que eu publicasse seus testemunhos para glorificar o nome do nosso Senhor Jesus. Amo vocês.

Se você, meu caro amigo(a) leitor, também tem algum testemunho não relatado aqui e gostaria de compartilhar comigo por favor mande um e-mail para contato.elainedasilva@gmail.com

Bibliografia

EQUIPE. A Callery pear tree became known as the "Survivor Tree" after enduring the September 11, 2001 terror attacks at the World Trade Center. Disponível em: <https://www.911memorial.org/visit/memorial/survivor-tree>. Acessado em abril de 2020.

EQUIPE. A empatia é a chave da benignidade e da compaixão - A Sentinela Anunciando o Reino de Jeová - 2002. Disponível em: <https://wol.jw.org/pt/wol/d/r5/lp-t/2002285>. Acessado em abril de 2020.

FRAZÃO, Dilva. Biografia de Helen Keller. Disponível em: https://www.ebiografia.com/helen_keller/>. Acessado em abril de 2020.

"julgar", in Dicionário Priberam da Língua Portuguesa [em linha], 2008-2020, https://dicionario.priberam.org/julgar [consultado em 29-03-2020].

BÍBLIA SAGRADA. Português/Inglês. Nova Versão Internacional. São Paulo: Sociedade Bíblica Internacional, 2017.

HEALED

Wounds transformed into blessings

ELAINE DASILVA

Preface - Nilce Sousa

Biography

Elaine Dasilva is a writer, pastor, speaker, lecturer, and counselor. She works in the field of Psychology, helping the Brazilian, American, and Hispanic families. She is married to Agnaldo Dasilva and has two sons, Andrew and James. They have lived in the Boston area, in the city of Revere, Massachusetts for twenty seven years.

She is the author of two books: Restoration: Leaving the pain behind, and Healed: Wounds transformed into blessings. Her first book was published in three languages, Portuguese, English and Spanish, and the second one in Portuguese and English.

Her purpose is to bring restoration and encouragement to those who have been imprisoned in degrading conditions, in need of physical and emotional recovery, and also to encourage others to be instruments of God in the lives of those who surround them, through instruction and by sharing testimonials of emotional and physical healing.

Dedication

I dedicate this book to my husband Agnaldo, whom I love dearly and who has encouraged me, giving me the support and motivation I needed to continue this journey. You, my dear, are a gift from God in my life.

I also dedicate it to my two sons Andrew and James, who have been a reason of joy in my life. I am grateful to God for their lives, for being such blessings in our family, as well as in the lives of many others surrounding them, for the glory of the Lord Jesus.

Acknowledgments

I thank the Lord Jesus for the care and zeal for my family and I. I am grateful for the healing He has performed in my life, including the healing of past traumas and also for fulfilling yet another of His promises allowing me to write this work to heal, restore and strengthen lives for His kingdom.

I want to thank my husband and children for their effort, support, and dedication. They were the first ones to believe that this work would be done. They also embraced all the challenges a writer faces when working on a book and have been with me every step of the way. I love you.

I would like to thank my parents for praying for me and for the incentive I receive from my siblings, who often leave me encouraging messages incentivizing me to keep writing.

I also thank the Ebenezer Baptist Church for their prayers and support. You are a part of my life. I also extend my gratitude to sister Marlei, for always accompanying me to events and for propagating my books to others with joy.

I thank my friends: Pastor Nilce Souza and sister Katia Felix, and all the team that cooperates so that this evangelistic project can be fulfilled.

Preface

As desired as the healing Path may be, it is not easy. Many people look at it with the wrong lenses, believing that the cure is for others or strangers, especially because we live in a time where we worship what has no meaning and our existence is summarized by the admiration and likes on social networks.

However, nothing can be further from the truth and more superficial than to wait for the cure to take place working on it and towards it. This process starts at home, in the family, the place where all the masks fall and the truth should be faced. True healing, as the author teaches us very well in this book, begins with the person him or herself, and many times the ones closest to them at home, a place where the truth should prevail and be seen clearly

We do not know who we really are until we are confronted, hurt, and then healed. No one is healed if there is no wound. And if there is no wound, we will not see the scars that were caused by our experiences, which led to our learning, and developed the wisdom for a life of achievement and success.

I constantly learn from Elaine, and I call her "my pastor of love." She exhales love in her eyes, her words, and her attitudes. She really has a healed heart and has the authority to teach on the subject. She has learned to renounce her pains and wounds, to dedicate her life for her family and other people that God placed in her path, as many of them had horrible wounds like she had before.

I see in the wounded person two paths: one of eternal wounds, frustrated and bitter living in the shadow of the past mulling over tragedies. And the other, of people who seek God, letting the Holy Spirit bring healing and restoration to their hearts. They left the past behind and moved on towards victory and triumph. There is a saying that I created, and I want to share with you:

"A past badly resolved is never the 'past'; it is always the 'present' ".

I understand that there is no way to be healed by living in the wounds of the past. Pastor Elaine has chosen, decided and persevered on the path of victory and triumph. As I learn from her life, her family and her ministry I know that her heart constantly exhales the anointing power of God's heart which is "love." In this book and in her testimony, you will understand that the greatest weapon she used to be healed was love, which is something natural and truthful in her life.

We were together at the launch of her first book, "Restoration – leaving the pain behind" in New York City. It was incredible to see the difference she made in that environment by showing love to people she had never seen before and many that did not even shared the same faith as her. Her joy and humility was spread to everyone who crossed her path at the event. She does not just teach or preach; she lives a truth in the light of the Gospel and before the Spirit of God.

The miracles that she reports in this material, related to her life, her family and her ministry, are just a sample of the pain she has endured to get here with you in this material. I feel privileged to follow someone so special and important to Jesus.

Read it and learn from her about physical and the most important, the spiritual healing. She doesn't only teach it; she has a healed heart. She chose the best of this life: turning her wounds into blessings, and I suggest to you, who are reading this book, to doing the same; follow the recipe and tips she shares here, her secrets, and the secrets of many people who she has followed in miracles.

Remember that you will not be able to hear God clearly with wounds in your heart, as the bleeding of your emotions may prevent you from hearing His voice within you, and from understanding the prophetic calling He has for you. Be healed and hear the Father speaking to you.

Forgive yourself, seek the Spirit of strength, and follow your life of faith and triumph. The initiation of this process depends on you, more than on God. He will only do, what you allow Him to. Leave behind the stones thrown at you and at your loved ones, cast the past to the past, and have your heart healed. Do as Pastor Elaine did; give up the wounds from childhood and the past, and move on. I love all of you!

Nilce Sousa

SUMMARY

Introduction   17

CHAPTER 1 - Complete Restoration   19

CHAPTER 2 - Wounds that transform   23

CHAPTER 3 - Healed to heal   27

CHAPTER 4 - Involved in His glory   33

CHAPTER 5 - Perseverance in weakness   39

CHAPTER 6 - Marked by the supernatural   45

CHAPTER 7 - God's power in action   51

CHAPTER 8 - Learning from pain   57

CHAPTER 9 - Miracles in the family   65

CHAPTER 10 - Miracles in the church   69

CHAPTER 11 - The secret   73

CHAPTER 12 - Exercising faith   79

CHAPTER 13 - Attitudes that heal   87

CHAPTER 14 - Attitudes that hurt   101

Conclusion   115

Bibliography   119

Introduction

Due to the profound childhood traumas that I have suffered, for the longest time, I thought I was born to suffer, to lose my battles, and even to be an insignificant person. My pain was so great that I saw no way out and I thought that if I died, I would be better off. Deep in my shattered emotions, I longed for a different life in which I could overcome all barriers, and be able to move on, but I didn't know how to do it.

My soul was trapped in a sea of sadness and darkness, and my heart was in constant unhappiness and anguish. I was certain that the best thing to do was to end my existence, but, by the mercy of God, before a tragedy happened, He extended His hand, saved and healed me from the intense pain and trauma, and today I can share that deliverance with others.

Before God's transformation in my life, I didn't see much sense in staying alive, and I felt trapped in a tangle of internal problems. Today I find no better way to describe myself but as a white dove flying freely in the bright blue sky.

Today, just like the dove, the bird that symbolizes the Holy Spirit, I can spread my wings hovering free, as I see my reflection in the crystal-clear sea, and bask in the sun as on a beautiful summer day.

Upon receiving the Holy Spirit, our Master, Jesus Christ, officially began His ministry on Earth and commenced to deliver God's message of salvation. Now, I feel free to fly, and go where God wants to take me to bring this message of love and hope to others. I can finally say what the Apostle Paul said:

> *"I have been crucified with Christ and I no longer live, but Christ lives in me. the life I live in the body, I live by faith in the Son of God, who loved me and gave himself for me."*

> *Galatians 2:20*

This book that you have in your hands is nothing less than a testimony that this same Jesus can and wants to change your story too. Therefore, I invite you to read it with an open heart, and believe that the process of healing of your pain and suffering can also be a channel of blessings and spiritual enlightenment to others.

Today, years after the Lord has begun this beautiful work in my life, I can tell you that there is no situation in which God cannot act. Even if the barriers that you are facing seem overwhelming, He wants to free you from them and have you moving forward towards your purpose in life.

CHAPTER 1

Complete Restoration

As I share more about myself and what the Lord has done in my life and through my life, I would like to begin by narrating an episode that happened on September 11, 2001, during the terrorist attacks in New York City. That attack was of huge proportion and many lives were claimed then. Everything around the twin towers seemed to have been destroyed, bringing chaos not only to those directly affected but a feeling of commotion and insecurity for the entire world as well. Apparently, there was nothing left.

Our eyes often focus on the superficial; we are in a hurry to draw conclusions and forget to stop and wait for the dust to settle so that we understand that there is more than what meets the eye. To everyone's surprise, "a pear tree called Callery became famous for being a survivor in resisting the terrorist attack on the World Trade Center."

According to the article "National September 11 Memorial & Museum" in October 2001, this tree was discovered with broken roots, burnt branches, and it was severely damaged. Still, it was removed from the rubble by the Park and Recreation Department of New York. After being recovered and rehabilitated, the pear tree was returned to the memorial in 2010.

Everyone knows its past, but the present has become a milestone in US history because it is the symbol of resistance, survival, and new birth. As the Word of God says that a cut down and destroyed tree can be restored, the same way, Jesus can and wants to restore the life of anyone willing to seek His presence.

> *"At least there is hope for a tree: If it is cut down, it will sprout again, and its new shoots will not fail. Its roots may grow old in the ground and its stump die in the soil, yet at the scent of water it will bud and put forth shoots like a plant."*
>
> *Job 14:7-9*

Like a tree that has already been cut down, burned by the fire of adversity, and hat has returned by the smell of the waters of the Lord, so am I. I imagine that you, dear reader, have also experienced hurt and the pain of being emotionally cut by adverse circumstances, but know that He, the Lord, is ready to restore you and make you flourish and fructify again.

No matter how damaged we are, having our roots covered in God's healing waters, make us sprout again. We leave the dryness behind and see our leaves, once dead, reappear green and at the right season, bloom, and generate abundance of life.

This is my main goal in writing this book: to be able to encourage the strengthening of the faith of all those who are having trouble finding hope but have a latent desire to be victorious. As someone that has conquered so many barriers, I can tell you that this is not the time to give up.

ELAINE DASILVA

Healed Wounds transformed into blessings

CHAPTER 2

Wounds that transform

To me the word wound, has a strong meaning due to the mistreatment, trauma, and frustrations that I have faced, especially during my childhood. We all have a natural tendency to avoid being hurt because we fear our emotional, spiritual, and physical death. Pain and suffering are inevitable. However, these stages of the journey teach us new lessons and enable us with the strength for what is yet to come. An aggravating factor in this process is that many people don't break this vicious cycle and keep hurting others as a result of their own wounds.

In an attempt to hide their pain, some people close their hearts, isolating themselves, and will not recover. Others still blame themselves for what happened and, besides not forgiving themselves they hold grudges and resentment against the real aggressors.

We can't always understand why we go through pain, suffering, wounds, and anguish. I confess that I did not understand the reason for having to experience such distressing moments by having Fibromyalgia. All the sleepless nights, the lack of strength to move around, the shortage of response from health care workers, and the constant criticism of those who had no idea of my suffering, and what I was going through.

Today, even though I am still waiting for my physical healing, I know that God has allowed all this pain to happen in my life in order for Him to create the necessary space to work in me and through me; changing my character, building my confidence and self-esteem, leading me to understand that He has already enabled me for the great work He wants me to do and making clear that He is in control of my life.

It was through this process of pain that I was able to gain more experiences and intimacy with God. My prayer life intensified, and I have learned to persevere when my prayers are not answered in the way I wanted or at the time I wished for. My faith grew, and I became more resilient when fighting the spiritual world and when working in the area of deliverance and spiritual healing. The Bible became my daily manual.

I surrendered myself entirely to God, who now uses me as an instrument of healing to many people in different cities, states, and countries. I have learned that I am strong in Christ Jesus. I have also learned to be more grateful for everything in all areas of my life. Whether things are good or I am facing difficult days, whether in pain or health, whether facing abundance or having very little, I am grateful and content.

I don't live trapped in my past, nor in the after-math reflected in my body. Today I have a new identity in Jesus, my heavenly Father. I've learned to love God above all else, and with that, I have also learned to forgive and love people regardless of the circumstances.

My love for God is not based on what He gives me, but on what He is in my life, and with faith, I look forward to the promise to live what "No eyes have seen, nor ears have heard" (see 1 Corinthians 2:9), and moreover I know that nothing can separate me from the love of Jesus:

> *"For I am convinced that neither death nor life, neither angels nor demons, neither the present nor the future, nor any powers, neither height nor depth, nor anything else in all creation, will be able to separate us from the love of God that is in Christ Jesus our Lord."*
>
> *Romans 8:38-39*

I feel privileged by God for being chosen to preach His word and have the opportunity to share my testimony with you, my dear reader. Healed from many traumas, I can confidently declare that despite the difficulties of the journey, I rejoice in God for the victories He has given me so far, and for being an instrument of restoration in the lives of so many, which I wish to continue doing until the return of Jesus. God turned my tears into joy and wants to do the same for you.

This same hope and transformation are available to everyone who reads this book. Our God is the same, and He is willing to walk with you and give you the healing you need. Remember that your wounds will be healed if you continue to believe and seek the face of God, for you are more than a conqueror in Christ Jesus.

CHAPTER 3

Healed to heal

As part of my ministry, God has provided me with the opportunity to bring the Gospel of salvation to many people in different places. I have been privileged to see countless people surrendering their lives to Christ, and being healed from physical, emotional and spiritual illnesses. I thank God for changing my life and making me a participant in the transformation of others.

I confess that I spent hours meditating on the greatness of God, thanking Him for His love for my life and all humanity, thinking of this inexplicable favor towards us and how He loves us with His agape love. Agape is a word of Greek origin used in the Bible to describe God's love for us as it speaks of something perfect, unparalleled, and immeasurable. Let's see what the Word of God says about this love:

> *"This is how God showed his love among us; He sent his one and only son into the world that we might live through him. This is love: not that we loved God, but that he loved us and sent his son as an atoning sacrifice for our sins."*
>
> *1 John 4: 9-10*

The greatness of God's love cannot be described in words. He takes in His hands a defeated, broken, and empty life, as was mine, and works miracles that no man would be able to perform. He works His miracles in the spiritual realm and allows us to achieve what He has promised us in the physical world.

The promise

I remember this pastor, a man of integrity and truth, who, directed by God, told me that God had great purposes for my life. He also reminded me that the healing I would experience would be used to heal others who needed to be reached by the same grace. My testimony would serve to help people that are emotionally shattered and damaged from traumas they have faced in their path to overcome their own circumstances.

He also told me that I was being prepared for the ministry of deliverance to be an instrument used by God, as He wants to free lives by the power of His name. For God there is nothing impossible. Impossibility is something that resides only in men.

Therefore, beloved reader, do not give up on your desire to receive your victory, whatever your problem is, receive the victory in Jesus' name. Stop reading for a few minutes and say a prayer, surrendering everything before God, giving Him the liberty to work in your life.

Remember that for God, every problem has a solution. According to His will and the time He has determined, He will give you the answer you need. God knows what is best for you. Just believe in Him and surrender it all to His care. See what the Lord Jesus said:

> *"With man this is impossible, but with God all things are possible."*
>
> *Mathew 19:26*

God's promises did go beyond that Pastor's message. In my pre-teen years, I felt the presence of God and heard His voice in different ways: through His Word, through dreams and revelations, and as a soft voice in my ear or my heart. As time passed, my willingness to be used to transform lives and do God's work, became stronger.

The problems and difficulties I faced at home were no match for my intimacy with God. I could feel that loving friendship involving me daily, and giving me the grace I needed to continue. I am so happy to know that the Word of God remains forever and that when He speaks, what He says will come to fruition:

> *"God is not a man, that he should lie, nor a son of a man, that he should change his mind. Does he speak and then not act? Does he promise and not fulfill?"*
>
> *Numbers 23:19*

Wounds transformed into beauty

My journey of faith has not been an easy one. However, the battles, victories, and redirection of God have given me the privilege to witness extraordinary miracles, not only in my life, my husband Pastor Agnaldo's life, the lives of our two children, but also in the lives of my family members, friends, members of the Ebenezer Baptist Church, and even in the lives of several other people from the places/cities I have been at.

Over thirty years ago, I heard that my battles would serve for the improvement of others. I confess that it did not sound very attractive to me. The correlation between suffering and being available to bless others may even seemed crazy. However, despite the fact that I was still a child, my desire was directed to bless others and be a friendly shoulder to those who felt abandoned and with no sense of belonging.

Over the years, God turned my tears into laughter, wounds into beauty, sadness into joy. Through this process, I have contemplated His greatness. My healing journey led me to live experiences that were made possible due to my cure's process.

It was not my kindness that brought me here, but the powerful hand of God and His plans to make us spiritually prosperous and able to share with others the miracles done by Him. The feeling of being hurt, lonely and without protection is not strange to me. Having to find the strength to pick up the pieces in which we were broken and to put together the puzzle of a new life healed from traumas, can only completely happen when we let God visit us and fill up the gaps in our being.

In this book, you will read testimonies of what God has accomplished through my life, and also in the lives of people, we love very much, people that have allowed us to minis-

ter in their churches, at conferences, through lectures, semi-
nars, vigils, home visits, mission trips and many other places
where GOD has directed us to go. I invite you to be recep-
tive to what He wants to do in your life for the Glory of His
name.

CHAPTER 4

Involved in His glory

"My soul thirsts for God, for the living God. When can I go and meet with God?"

Psalm 42:2

Summer mornings create such an inviting environment for a stroll around the neighborhood, to go shopping, and opening the house for fresh air. Still, on July 29, 2019, I was in my moment of prayer, alone with God in my room, and I felt such a need to stay there in His presence and be totally involved in His glory. No outside force would be able to take away my desire to be there or dissipate my thirst for His presence.

The presence of God was so intense that I didn't notice the hours passing. That was one of many moments of intimacy and spiritual renewal in God's presence and a time I can hear his voice so deeply that it significantly impacted me.

In prayer moments like this one, God by His mercy, and knowing the needs of His servants, reveals to me even what people are thinking, especially if there is an evil strategy to destroy someone's life through suicide, the breakup of marriages and other serious problems. God reveals Himself to those who seek His face with sincerity and fear.

> **"The Lord confides in those who fear him; he makes his covenant known to them."**
>
> **Psalm 25:14**

While I was praying for people who were supporting me with my first book "Restoration – Leaving the Pain Behind" and dedicating the book to the Lord, God brought to my memory the promise that I was healed so that through my life, others could be healed as well.

That is something that everyone who wants to be healed needs to know: God does not act in our lives so we will cross our arms and stay still. We have the responsibility of sharing God's work in us and allow the Holy Spirit to do his part.

In that moment, amid tears of joy and satisfaction, God gave me the title of this new book. With that, came the confirmation that this book will reach the hands of many people who are looking for a cure and of those who help others to be healed and also in the hands of people who don't even know how much they need God's healing.

So, I quickly wrote the title on a piece of paper and happily celebrated God's direction once again. Five months later, on December 28, 2019, I felt compelled by God to start writing this new work, Healed – Wounds transformed into blessings.

Each testimony, each story shared is for the growth of your faith and renewal of your hope. As you identify with the stories mentioned here, declare victory for your life. Make the decision to be healed and to let God into the most painful areas of your being. Begin to declare God's deliverance over you. For all you need is to believe, and you will see the Glory of God.

The power of the Resurrection

"Did I not tell you that if you believed, you would see the glory of God?"

John 11:40

Do you remember Martha when her brother Lazarus had been dead for four days? These were Jesus' words to her, as you will read countless times in this book: for God, nothing is impossible, and even if someone is dead, they will live.

Martha and her sister Mary were desperately crying; they thought that after the death of their brother Lazarus, Jesus couldn't do anything more for him and for them. In our limited minds, death is the end of everything, and the pain of losing a loved one is something we cannot explain.

I believe that you, like me, have already lost people that were close and important to you, and depended entirely on Jesus' strength to restore and heal your heart wounded by your loss. Jesus loved Lazarus' family and was interested in everyone's wellbeing; the biblical passage mentions that Jesus even wept.

To the general surprise, Jesus asked for the stone to be removed, and then he ordered: "Lazarus, come out!" At that very moment, Lazarus heard His voice and obeyed His command. He had been dead for four days; he smelled terrible, but death had no power over Lazarus' life, and the power of God was manifested at that moment.

I can say with certainty that just as Jesus raised Lazarus from the dead, I prophesize that in His name, the dreams you, perhaps, gave up on, will also rise for the glory of God. The stone that prevents you from receiving your victory will be removed entirely from your life in the name of Jesus.

From our perspective, the fact that Lazarus and his family were friends with Jesus, and having to go through all that pain, doesn't seem to make much sense. We may think that God's friends should have been immune from suffering. However, when we see his resurrection, we understand that the name of God needed to be glorified.

The same happens to us: how many unexpected things happen in our lives, at times that seem so inconvenient, like the loss of a loved one, a trauma that destroys your joy and dreams, a disappointment with a friend you considered close, frustrations with family members, spouse's infidelity, diagnosed with a severe illness, or any other situation that destabilizes us.

Every single one of these situations imposes a potential devastation and destruction of joy and motivation. However, none of them can make us forget that Jesus is in control, even when everything seems lost.

God uses things that are practically destroyed and works great miracles through that situation. Remember what our Master taught us:

> *"Are not two sparrows sold for a penny? Yet not one of them will fall to the ground apart from the will of your Father. And even the very hairs of your head are all numbered."*
>
> *Mathew 10:29-30*

That shows us that even if we do not understand the reason for specific circumstance, what is important is to know that God has the best for each one of us and never loses control of any situation.

 ELAINE DASILVA

CHAPTER 5

Perseverance in weakness

"But God chose the foolish things of the world to shame the wise; God chose the weak things of the world to shame the strong. He chose the lowly things of this world and the despised things — and the things that are not — to nullify the things that are, so that no one may boast before him."

1 Corinthians 1:27-29

I would like to share with you that despite being healed of my childhood traumas, I still deal with some of the damaging physical and emotional consequences from the suffering I experienced at that time. I have been diagnosed with a condition called Fibromyalgia for over a decade. The news of this diagnosis temporarily stole my freedom, my dreams and my desire to live (I hope with the grace of God, to write a book on this subject in the coming years). Try to mentally picture someone in your life who is active, lively, cheerful, organized, creative with her home decoration, whimsical to the extreme. Someone with an impeccable home, with polished furniture and shiny floors, kitchen cabinets neatly organized and smelling fresh. Someone who reflects this same notion, dedication and love for the work of God in church. Well, this would have been the best description of me until the beginning of my second pregnancy.

In addition to the typical symptoms of feeling sick and tired, as most of the pregnancies tend to have, I realized that my body was experiencing a different type of pain. The impression I had was that all my bones seemed to be broken, taking a breath caused me to ache, and none of my body's movements would go unnoticed.

In addition to the physical symptoms, those pains and discomfort started to invade my soul. I began to experience deep sadness more often than not. Little did I know that the sorrow and anguish I was experiencing were also effects of the medical condition in which I found myself in.

Desperate thoughts invaded my mind, telling me that I could no longer be the same person I was before. My entire life changed overnight, and the possibility of being confined to a wheelchair became part of my reality. I would walk very slowly holding to the walls in order to go from one room to the next in my home, the very home I was able to take such good care of before.

Time passed, and there was no sign of improvement. Amid this chaos, my youngest son was born, and I found myself in a frantic situation. The pain that used to be stronger in the lower back had now spread to the legs and the rest of my body. My husband, Pastor Agnaldo, grieved from seeing me suffering and would verbalize his desire to be able to switch places with me and take my suffering away.

Those were challenging times that often led to despair, and to top it off, there was the pain caused by the criticism of those who did not understand the situation, which made the burden even more difficult to bear. Amid that gale of pain and lack of support, God in His infinite grace led me to pray incessantly for my healing.

I prayed day and night, weeping and crying, and because the movement of my lips caused pain, I continued my cry for help in my mind. I knew that only Jesus Christ could heal me, and I was not willing to give up.

Most people with generalized Fibromyalgia like mine arc bound to have limited mobility which restricts the amount of activities they can perform as well. Simple tasks like washing and drying your hair will become a science project. Despite all of that, I wasn't willing to be stopped by anything. I decided that regardless of the pain, I would rise to the occasion and I would bless others and carry forward the message of the cross.

I am aware that the strength I felt and feel does not come from me, because I am still limited. With that being said, I decided to surrender myself entirely to God, developing a deeper relationship with HIM, and as the days passed, I had the conviction that God was not surprised by my situation and that, even though my complete healing was not manifested, as much as I longed for it, nothing was out of His control: See what Psalm 139 says:

> *"For you created my inmost being;*
> *you knit me together in my mother's womb. I*

> *praise you because I am fearfully and wonderfully made; your works are wonderful, I know that full well. My frame was not hidden from you when I was made in the secret place. When I was woven together in the depths of the Earth, your eyes saw my unformed body. All the days ordained for me were written in your book before one of them came to be."*

> *Psalm 139:13-16*

I cannot give you an explanation of why I have not been cured from Fibromyalgia yet. Still, I know that I have exceeded all expectations in terms of leading a healthy and active life, as I am able to perform many activities other patients with this extreme condition have not been able to overcome. I believe that in God's time like it was with my emotional healing, He will heal me. But regardless of this healing, I want to dedicate myself to the work of Christ and be able to speak like the apostle Paul sais at the end of his life: "I have fought the good fight, I have finished the race, I have kept the faith." (2 Timothy 4:7).

Surrender of the Free Will

I don't want my will to be done, but the will of God. I want to live in His presence every day of my life. Many men and women in the Bible faced situations that we do not know if we would be able to face them today. Let's look at Job's case: he was a man of integrity who served God with fear and dedication, and it was so evident, that even the devil noticed Job's faithfulness.

Despite Job not being guilty of anything, God allowed him to lose all he had, including his children, his wealth, his comforts, and his health. Job was judged by those who claimed to be his friends. His wife suggested he should deny God and die. However, God had not lost control of that situation, and Job's destiny would not be marked by the defeat that many expected.

God stood up in favor of His servant and restored his health, his wealth, and returned his joy. Even though he was a righteous man before this great battle, Job now said to God: "My ears had heard of you but now my eyes have seen you." (see Job 42:5). Due to his experience with God, Job could now understand that God was greater than he could have imagined.

That has been how God shows his power in my life. Each morning I experience more of God's supernatural power. I have learned to depend on Him and cast all my anxiety before Him because He cares for my life, as the Apostle Peter teaches us: "Cast all your anxiety on Him because He cares for you." (1 Peter 5:7).

Testimonies like Job's and also this new spiritual level that I am experiencing, encourage me and gives me the confidence that the best of what the Lord has for my life is yet to come. I know that He is the Jehovah-Rapha, the God who heals, and at the right time, as He sees fit, I am sure that He will grant me victory in my health as well.

Let me emphasize that this situation with my health does not obstruct my mind and heart from being very grateful to God for what He has done to me since my childhood. The impact that His presence has on me has changed how I react to daily circumstances today. The subject of suffering, reminds me of the apostle Paul, when he prayed to God asking Him to remove the thorn from his flesh:

"To keep me from becoming conceited because of these surpassingly great revela-

tions, there was given me a thorn in my flesh, a messenger of Satan, to torment me. Three times I pleaded with the Lord to take it away from me. But he said to me, 'My grace is sufficient for you, for my power is made perfect in weakness. Therefore, I will boast all the more gladly about my weaknesses, so the Christ's power may rest on me. That is why, for Christ's sake, I delight in weaknesses, in insults, in hardships, in persecutions, in difficulties. For when I am weak, then I am strong."

2 Corinthians 12:7-10

God's answer was clear and direct to the Apostle Paul, and it has been to me as well. God's power is perfected in our weakness. We do not know and do not even want to speculate what was the thorn in Paul's flesh. What we know and what interests us is that the grace of God was sufficient to him, and such was the anointing over Paul's life and ministry that his aprons were used to heal people. Look:

*"**God did extraordinary miracles through Paul,** so that even handkerchiefs and aprons that had touched him were taken to the sick, and their illnesses were cured and the evil spirits left them."*

Acts 19:11-12

CHAPTER 6

Marked by the supernatural

"You were chosen by God to change the lives of many people. God has given you the gift of healing and He will use you in the same way that He uses your mother."

Coronel Fabriciano, 1984.

These words echo in my mind since that night when I was a pre-teen. I can't forget that friendly and humbled Pastor that was willing to deliver God's loving message to me. My mother has been an example of prayer and seeking the Lord's presence. She was always ready to pray for everyone who needed prayers. My brothers and I were eyewitnesses so many times of several miracles and wonders worked by God's hands through her life.

I confess that when the pastor told me about God's plans of using me in the healing ministry, I had spiritual battles in my mind, that wanted to convince me I should not lay my hands on sick people around me. I questioned myself constantly. What would happen if they were not healed? How would I explain what God did not do? How can healing happen through a person like me? Who am I? How can a person who has been emotionally abused have the authority of God to pray for others?

All these questions played over and over in my mind, and I fought them vigorously because even though I still did not have a deep intimacy with God at that time, I did not let go of the desire to obey Him and fulfill his plans for my life.

Independently of my feeling of lack of capacity and being scared of what I could face, I started to do what God called me to do. I began by to praying for people, not only for health-related needs and God started to answer their requests and heal them from illnesses as well. That way, God strengthened my ministry while surprising me constantly.

Healing of the child

There was an occasion, while my husband was preaching in our congregation, and I was praying for him and the church, as I usually do. I then began walking around the church, going row by row until I got to in constant prayer.

Everything seemed quite normal until my eyes caught the tired look of a mother holding her two-year-old daughter. When I inquired about the child's well-being, the mother casually informed me that she had the flu. I laid my hands on the child and rebuked the flu and fever in Jesus' name.

On a following service, I was pleasantly surprised when that mother testified in the congregation that for the glory of God and also for my joy, the child had been completely healed. But the blessing did not stop there, the child had also been cured of a lactose intolerance she had since birth.

The consequences of this condition are painful and can even cause generalized inflammation of several organs. However, after the prayer the child could now drink her yogurt, enjoy puddings and other milk products without any symptoms or side-effects. Hallelujah!

That is how I have seen God's healing and miracles happening. He goes beyond what I ask him for while I am praying for people and visits their health in a complete and miraculous way. God continuously amazes me with the way He answers my prayers. In this instance with the little girl, the prayer was made for the flu, but God knew that the child's life needed an even greater miracle. He healed her beyond what was asked. I glorify God, Jehovah-Rapha, the God who heals.

> **"He heals the brokenhearted and binds up their wounds."**
>
> *Psalm 147:3*

Healed women

I am convinced that God has called me to preach the Gospel and to show His love and power to all people. Something particularly special to me is the opportunity to speak to and for women. That warms my heart and fills me with happiness.

In 2019 I was invited to speak at a woman's retreat here in the US. That was a 3 day event. We felt the power of God and the operation of the Holy Spirit tangibly. God worked many healings and miracles during those days and on the second night one testimony in particular touched me deeply:

A woman approached the altar and asked us to pray for her because she was ill. She told us that the doctors had already exhausted their options and prescribed everything they could to make her feel better, but there was no improvement in her condition. As there was a lot of noise around us while she reported her problem, I understood that her problem was in her spine, and I prayed with faith for her healing.

The next morning, she testified about the healing she had received from her back pain. She stated that when she got back to her room, she could jump on the bed and move her spine from side to side, and experienced no pain. She was totally healed. After testifying about her cure, she also informed me that I had not understood her prayer request the night before. Her actual condition extreme headache accompanied of a feeling of heaviness and congestion in her nostrils and I had prayed for her back pain instead.

I then prayed for her a second time, and God completed His work in her life. At the time of that prayer she vomited some substance that was inside of her, and from that moment on, she felt completely better and healed for the glory of Jesus Christ. God had a higher purpose in her life. It is He who acts, and His action goes beyond what we understand, everything happens His way and at His determined time.

"For from him and through him and to him are all things. To him, be the glory forever! Amen."

Romans 11:36

There are times when people tell me their needs when asking for prayers, and other times God reveals their needs to me in a surprising way. I remember an episode that happened at one of our local women's group meetings. One of the attendees invited her friend to join us for the first time. Everything went beautifully and smoothly. As a started to pray for the attendees God made me feel that I needed to pray for this specific visitor more intensely.

Until that moment, I had no idea of the dilemma in her life. She had been diagnosed with cancer. In addition to the scary and dangerous diagnosis, she could not count on her husband for support as he was an unwise man who mistreated her for being ill. Also, she was suffering from depression, anxiety, panic attacks, and other problems.

Even without knowing any details of her diagnosis I laid my hands on her to pray, and God revealed her health condition to me. As I continued to pray, I could see when a giant ball of fire descended on her head and completed involved her, and miraculously she was instantly healed. The impact was so significant that all the other women attending that event cried of happiness and glorified God.

Like any prudent person, she went back to her doctors, and once the tests were done, they could not find any of the lymphomas. With that, even the field of medicine testifies that she is healed. How great was our joy when she testified her miracle in person in the presence of everyone in the church. Everyone rejoiced with the power of God, and His holy name was once again glorified. Today, that young lady lives a healthy life; she is happy, serves God, has a job, and also has been healed of her emotional wounds. Hallelujah! God is good.

CHAPTER 7

God's power in action

During these 15 years since my diagnosis, I have experienced the glory of God in my life and witnessed His power in action. Amongst the many testimonies I can remember, I want to share with you another one that is vivid in my mind.

At the time of the event, my husband and I were hosts of a radio program on 1300 AM, a Radio Station in the Boston area, and a listener called us with a prayer request. My husband and I divided the tasks and responsibilities, and while he was live sharing the word of God, I answered prayer requests over the phone in another room.

While praying for a specific person, God revealed me some details about her life and urged me to tell her how much God loved her and that He was taking care of her. It was a moment of communion and real presence of God. I could hear the happiness in her voice. After the prayer, she asked me for the address of the church and said that she would come to meet us in person.

She eventually came to our church and started visiting us more frequently. God still had more to do in her life and at one of my subsequently prayer times, God revealed me something more about her health and ordered me to call her. She was a very private person, and what I would share with her, could only have come from heaven.

She was caught by surprise when I said: "God says that today He delivers you from the grave, and that you are cured from the cancer that afflicts you. The doctors have said that there isn't anything else that can be done and your heart has accepted this result, but God changes your history today!"

Even through the phone, I could feel a strong power coming from heaven; I felt like the floor of my office was shaking under my feet; it felt like I was with her in person. She began to cry because, as I mentioned, she was a private person and had not shared her condition with anyone. The tumor was already a stage four cancer. There were no longer any human resources to help her.

For my spiritual enlightenment, she shared that she had come home from the hospital a few minutes before my call to her. During this visit, the doctor updated her on the results of the new tests and the biopsy that had been done a few days earlier. He informed her that she only had a few days to live. We cried together and thanked God for the miracle and deliverance as she had returned from the hospital, accepting the death sentence set by the results presented by the doctor.

As connoisseurs of the Holy Bible, we can testify that man does not have the last word. Independently of whoever he or she is and whatever position they may occupy, our lives are subjected to the lordship of Christ, and He is the only one who can determine the end of existence.

"Many are the plans in a man's heart,
but it is the Lord's purpose that prevails."

God had decided that she would live longer, and the tests that were retaken after the prayer confirmed the miracle. She returned to the hospital for new tests and the same doctor who had delivered the news that she was dying, had the privilege of informing her that the cancer that had previously spread throughout her body was now gone. She was fully healed for the Glory of God. Jehovah-Rapha, the God who heals, healed her.

"Surely he took up our infirmities and carried our sorrows, yet we considered him stricken by God, smitten by him, and afflicted. But he was pierced for our transgressions, he was crushed for our iniquities, the punishment that brought us peace was upon him, and by his wounds we are healed."

Isaiah 53:4-5

You and your home

"They replied: Believe in the Lord Jesus, and you will be saved, you and your household."

Acts 16:31

On another occasion, in 2016, after preaching at a woman's congress here, in the United States, the Pastor of the church asked me to anoint the hands of the people who were going to worship God with their offerings and to pray for all of them as well.

I recall that a long line formed in front of me and that about halfway through the line, there was a lady who when I touched her hands manifested a reaction of pain. Her hands looked swollen to the point that they seemed to glow, I could tell that something was not quite normal.

When asked about that condition, she shared that she had rheumatism in her entire body, and added that for some time, she had been unable to wear her wedding ring due to swelling and pain. Her feet also had the same symptoms, and she had arrived there in a wheelchair, with the help of a friend.

The Holy Spirit moved me at that very moment and God used me to prophesy the immediate cure of that condition. And, to the glory of His name, at the end of the event, she showed me that her hands and feet were already returning to normal and that the swelling was disappearing.

As God always confirms His work, imagine my joy when meeting her again at a baby shower of a young woman who attends our church. I could see a beautiful, smiley, and happy woman who came to me identifying herself as the person who had been healed at that congress. She helped me to remember who she was and shared that when she got home after that meeting, she was completely healed.

That was a great encounter. Her happiness was such that she jumped, danced, paraded in front of me, and said that now she could even wear "pointy shoes", which would never be possible before due to the pain she used to feel. She showed me with satisfaction that in addition to her wedding ring, she could also wear the rings that she had been unable to wear for such a long time. Weeks later, she gave us the privilege to come to one of our women's group events and testified what God had done, to honor His name.

Time passed, and on an unexpected day, this same woman came to visit us during our intercession service. I was happy to see her, especially since it was not my usual day to be attending the church meeting. But this time, her face showed concern.

As I approached her, she told me that she was not there for herself, but for her mother-in-law, who was terminally ill with AIDS. That devastating disease caused her body to be covered with wounds and she was clearly living her last days.

Her husband, who had contracted the disease during a blood transfusion at the hospital transmitted the virus to her before he was diagnosed and had recently passed away. The family was emotionally devastated by the possibility of losing her as well.

Her daughter-in-law, who had experienced a miracle and knew that God is the same, and could work in her mother-in-law's life and change her luck, was there asking for prayer. With strong faith she made her prayer request, trusting that even though she could not stay for the meeting she knew God would operate the miracle in her mother-in-law's life.

I immediately summoned some of the meeting attendees and a deacon who was there to pray with me, and as we prayed, I could feel the pain the mother-in-law was feeling. God has given me this sensitivity when I am praying for severe situations.

We prayed for longer than we expected and stayed there in the presence of God, and He was directing us on how to pray and intercede for that situation. We prayed for her and her family only that night. No matter how many times I attempted to pray for other issues and people, the Holy Spirit led me to pray for her again until the end of that meeting. God had determined her healing that night.

> *"In the same way, the Spirit helps us in our weakness. We do not know what we ought to pray for, but the Spirit himself intercedes for us with groans that words cannot express."*
>
> *Romans 8:26*

We ended our prayer time and returned to our homes, hopeful of God's miracle. After a few days the daughter-in--law called to say that her mother-in-law no longer had any wounds on her body. New medical tests had been done and doctors found that she no longer had HIV, the virus that causes AIDS. Hallelujah. I never had the opportunity to meet the mother-in-law in person, but the story of her miracle impacted my life. The Bible tells us:

> *"Heal the sick, raise the dead, cleanse those who have leprosy, drive out demons. Freely you have received, freely give."*
>
> *Mathew 10:8*

> *"I tell you the truth, anyone who has faith in me will do what I have been doing. He will do even greater things than these, because I am going to the Father."*
>
> *John 14:12*

Jesus invites us to exercise our faith and not forget that we have been healed to be used to heal others. Put on your courage and start looking for the face of God for yourself and everyone around you, and you will see what God is capable of doing.

CHAPTER 8

Learning from pain

There were many experiences in which I could see God using me to manifest His healing to others. I would like to dedicate this chapter to share what God has taught me personally on this subject.

> *"And we know that in all things God works for the good of those who love him, who have been called according to his purpose."*

> *Romans 8:28*

Gratitude

In seeking my cure after the Fibromyalgia diagnosis, my intimacy with God, and my search for His presence intensified. At first, my pursuit was almost singularly for my physical healing, but as time went by, my focus became on getting to know God closer, to seek His face. So, I spent hours talking to God, and I realized that the miracles worked by Him through my life multiplied, and His hand worked in a supernatural way, even more, each day.

In this process, I learned to be happy with God even in times of intense pain. Daily bible readings strengthened me and taught me to praise God regardless of the circumstances around me. We need to seek His presence for He is our joy. Let's reflect a little on the words of the Apostle Paul:

> *"I am not saying this because I am in need, for I have learned to be content whatever the circumstances. I know what it is to be in need, and I know what it is to have plenty. I have learned the secret of being content in any and every situation, whether well fed or hungry, whether living in plenty or in want. I can do everything through him who gives me strength."*
>
> *Philippians 4:11-13*

My gratitude to God goes beyond the joy that He brings me during the days of pain, anguish, and despair. It includes the opportunity to witness Him healing people of incurable diseases through my life. No matter how painful your journey may be, make being grateful a part of your daily spiritual exercise, as we always have reasons to be appreciative.

Testify your miracles

Another thing that God has shown me insistently and you may see it repeatedly on the pages of this book is that He heals us in order to use us to heal others. This truth goes beyond the duty of gratitude. It is very fulfilling when we stop orbiting around our pains and can offer some solace to those in need of help.

That's why I ask you not to be silent about what God has done in your life. Open your mouth and testify, sharing His work so that others can be edified. Your testimony can be an incentive for others to continue their search for God.

I have no words to express the joy I feel when I hear people declaring that if I, Pastor Elaine, who have been through so many situations and experiences have won my battle, so will they. That is one more indication that our pain, experiences, and history of restoration can edify those who have heard our testimonies.

Sanctification

One key that God has given me is the consecration or sanctification. This is a process of total and absolute surrender of our own will in order for Him to work in us and through us. The life of a genuine Christian goes through the steps of: "deny himself" (see Luke 9:23) and a continued search for His presence, whether the circumstances are favorable or not.

As a pastor, I never approach the pulpit of our local church or churches where I am preaching at, without preparing myself with many hours of prayer, study of the word, and seeking the presence of God. Doing God's work is not like going to a casual meeting with friends. We need to be prepared and understand that we are fighting an invisible battle that does not stop.

Our God enables us and strengthens us to win; however, we need to do our part in the process of sanctification. That is our responsibility before God. Every sacrifice we make to have more of God's presence is valuable, and He rewards us for that.

   ELAINE DASILVA

Zeal

> *"For zeal for your house consumes me,*
> *and the insults of those who insult you fall*
> *on me."*

> *Psalm 69:9*

Many Pastors and their families do not have the same freedom that many church members have to recover completely after childbirth or a surgery. In my case during the birth of my children I was not able to take time to recover completely. With only thirty days after my son James' birth, I was already accompanying my husband to church meetings, leading the worship group, and ministering at services.

To the outsiders, it seemed like nothing had changed, but only the Holy Spirit of God knew the sacrifice I was making to be able to be there. Tears of pain and suffering washed off not only my face but also my soul during those days.

The zeal for the work of God led us to sacrifice many of our family moments and the period of my recovery. We became fully involved in the growth of the work of God. Although my healing was not accomplished in the way I desired, miracles began to happen in the lives of those around me. Somehow my physical illness was allowed for the purpose of the glorification of His name.

Criticism

A Christian must be prepared for criticism. In my case, as if being diagnosed with Fibromyalgia, a condition that has no known medical cure was not enough, I would also have to face destructive criticism from those who in a very un-informed way, launched hurtful and offensive words towards me.

During this period, I've learned that while the human being has an incredible ability to dedicate their lives to others, to reinvent themselves, and to help others, we also have a devastating ability to fight against everything that does not fit the standards of our normalcy.

There were many times when I heard comments saying that my health condition was attributed to possible hidden sins or lack of forgiveness. In some occasions, people told me that they could not understand how I submitted myself to pray for others, to see them healed and not receive the cure myself. Those were very hurtful words and moments.

However, I knew that it was clearly the voice of the our enemy, the accuser of our souls, who tried and still tries to stop my ministry. But I know the One in whom I trust and His word says: "I am convinced that he is able to guard what I have entrusted to him for that day." (See 2Timothy 1:12)

In response to adversity, God encourages and enables me to help others. Even though pain and mental tiredness harass me, as soon as I start ministering at a service or event, I feel the supernatural power of God invading me. I spend hours praying for people after events, I know that I couldn't do if it was only with my strength.

I see lives being transformed, situations resolved, people's bodies and souls being healed, and God undeniably revealing His presence and power. So I know that I am more than a conqueror I cannot stop repeating that my emotional healing happened so I could bring words of life and hope to those who seek their own healing.

Steps of faith

 ELAINE DASILVA

Another fundamental truth that my experiences with the Lord brought to light has been taking steps of faith. Let me try to illustrate with a personal testimony, in which I was not an instrument of healing to others but to myself. I was able to clearly see the power of God working in that particular situation.

One day I woke up, and my index finger was aching and swollen. At first, I didn't pay much attention to it, but as the day went on, the situation got worse. The index finger was so swollen that it could no longer bend it. As if that was not enough, the swelling passed to the second finger, and within a few days, it reached the third finger.

The pain became unbearable, and the swelling was such that the three fingers were almost thicker than my thumb. Slowly but surely I was losing the ability to use my right hand. My husband suggested that I should go to the doctor's as it looked like I had rheumatoid arthritis, and he was concerned about how quickly the swelling was spreading.

However, at that moment, I took a step of faith and decided that instead of going to the doctor's, I would speak to the doctor of doctors, Jesus Christ. (Note that I do not dismiss the need for medical attention. This situation was unique.) I took the anointed oil, anointed my fingers, and started walking inside the house, praying and rebuking that condition in the name of Jesus. I confess that if someone passing by on the street saw me praying that way, they would think I was crazy. But every step I took, I took it with determination and believing that I was already healed.

At the end of my prayer time, my fingers were still the same, swollen and sore, but inside me, I was convinced that I was healed. I stopped asking and started declaring that I was already cured. I spent the next three days just declaring my victory.

I constantly looked at my fingers and realized that the swelling had not reduce, but I had decided to believe, and no doubt would not be able to make me give up on my blessing. I knew that God was in control and that my healing had already been determined.

Finally, on the fourth day, I saw my fingers going back to normal and they were completely cured on the fifth day. I could move my fingers like nothing had ever happened for the glory of the Lord.

The most important lesson this episode taught me is that sometimes we are healed instantly, but other times, God tests our faith and allows healing to materialize after a few days or weeks. He is in control, and everything happens in the way and time that He determines.

We make a serious mistake when we want to teach God on healing rules or when and how He should perform miracles in our lives. Praise God, who does everything according to His own will. It is unimaginable the confusion it would create if miracles were done according to our will, or if God asked for our opinion on how to resolve disputes, who would be healed and how that was supposed to happen.

I praise the Lord that these decisions do not belong to us, and we should never want to take God's place, because He is perfect and almighty, and without Him, we couldn't do anything. We need to obey His directions and cultivate faith in him because only then will He act on our behalf. See what our Master teaches us:

     ELAINE DASILVA

> *"Jesus replied: Because you have so little faith. I tell you the truth, if you have faith as small as a mustard seed, you can say to this mountain, 'move from here to there' and it will move. Nothing will be impossible for you."*
>
> *Mathew 17:20*

CHAPTER 9

Miracles in the Family

Our family is a gift from God to us, and a severe mistake anyone can make is to try to win the world and lose their own family. I have very clear in my mind that everything starts from inside our homes, and that our first ministry is to take care of those whom the Lord has entrusted to us:

> *"If anyone does not provide for his relatives, and especially for his immediate family, he has denied the faith and is worse than an unbeliever."*
>
> *1 Timothy 5:8*

To care for our families goes beyond economics, in terms of provision, or even affection, security, and other essential factors in maintaining a healthy family. Parents must dedicate themselves singularly to minister into their children's lives. What we do, speaks louder than what we say. We should lead our family by example.

It all starts at home

As I have mentioned a few times, my mother was a tremendous spiritual example to me; she was a woman of prayer, with a deep relationship with God, and I could see many being touched by God through her life of faith and devotion. That is what I try to pass on to my children, allowing them to see what God, by His mercy, has worked through me and motivate them to allow God to use them as miracle workers as well.

Whoever read my first book, Restoration — Leaving the Pain Behind, knows that my children are wonderful miracles of the Lord, and I don't allow them to forget that. In this chapter tough, I would like to focus on the miracles that we witness daily as a family. To better illustrate it, I will share with you a brief testimony about it.

Details

Here in the United States, it is very common to have bathtubs instead of the shower box in the bathroom of the houses, and our bathtub had been clogged for several weeks. My husband and my brother had already done what they could to solve that dilemma: they had previously used machines, products of various types, and my brother even removed the pipes, but nothing solved the situation.

How realistic is it for anyone and much more for a pastoral family to have to manually empty the water out of the bathtub every time someone uses it? We are very busy and are constantly attending activities in the church, running the visiting ministry and other tasks and in all honesty, emptying the bathtub for everyone every day was not part of our agenda, or at least it shouldn't be.

If we needed to arrive at church early for prayer or any meetings, we had to start getting ready at two in the afternoon. That was an unsolvable situation, and it was not for lack of interest, or lack of trying to resolve it. The plumber himself had already given up on the project, and we were worn out by it all.

But on a particular day, I've got tired of that situation. I concluded that the case of this bathtub was only going to be solved through prayer. I said to myself: Jesus has the power to reach out and break up the clog wherever it is! So, I called James, my youngest son, to help me, and together we prayed and ordered the end of that clogging issue with authority.

It didn't take long, and we heard a noise, the pipes started shaking, and the water started to drain instantly. James was astonished by the Lord's power and commented that God does hear prayers. I was delighted that my son witnessed that miracle, that response from God. The Lord hears the cry of a righteous person.

My children often ask me to pray for them, and we rejoice together in the presence of God. Andrew, my firstborn, always says that he asks God for a wife in the same way as my husband asked for me. He says that he wants his future wife to love God as much as I, his mother, love God. Nothing is more important to me than being an example for my children, because the first people Jesus called us to heal are those of our own family.

This is just one testimony of many in which we saw God at work as a family. And I cannot emphasize enough that the most important thing is for you to be a channel of healing in your home, to be a person of prayer knowing that God is interested in manifesting His power through your life, especially among your family.

Edifying the home

So I invite you to use the next five minutes to pray for your family. It is our responsibility to present them in prayer before God. I like the slogan of the Deborah Project: "Parents on their knees, children on their feet". My personal motto is that my children need to be impacted by God before I can do God's work elsewhere.

I glorify God for my husband's life because together, we have first built our home. Then we have been able to embrace the ministry that God has given us, to be an instrument in the restoration of marriages. We have witnessed the miracle in the lives of several couples who no longer had any hope of reconciliation, whose marriages were completely destroyed, but were now restored by the Lord's grace.

Dear reader, if I could for a minute, take you back to my childhood, show you my heart at that point in history and allow you to live some of those moments with me, you would now celebrate my happiness and cure today. I literally live a NEW LIFE. A life that is cured of several traumas and abuses, a life of restored dreams, a true story re-written by God.

I am a living witness of the miracle of Jesus Christ in the lives of those who submit to Him. I am a very happy person and I feel privileged for being chosen to be in the ministry serving God and especially for being able to pastor the Ebenezer Baptist Church alongside my husband. We are happy to testify that they have also experienced the miracles of the Lord in their lives.

CHAPTER 10

Miracles in the church

Our church members are witnesses of the great miracles God has operated in our midst. Seeing the manifestation of God's power in our congregation is an enormous privilege and based on God's word it should be a constant as God promises great victories for His servants:

> *"Worship the Lord your God, and his blessing will be on your food and water. I will take away sickness from among you."*
>
> *Exodus 23:25*

Our church is our second family. As I mentioned previously, we need to live what we preach to have an impact on people's lives. Every time I am with church members, I am reminded by God that I was healed to spread healing to as many people as needed.

That means that miracles need to happen in the church as well; church members need to see salvation, deliverance, and restored lives, starting with their own. For this reason, I would like to share a testimony that had an impact in the whole church that we are privileged to pastor.

Touched since the womb

In 2012 I was at home praying in my office when I got a call from a young lady who congregates with us. She was pregnant and was crying a lot. Her anguish was so great that she could barely speak, and had to stop and catch her breath before telling me what was happening. Amid the tears, she finally shared with me that her doctor shared with her that the result of the ultrasound of her baby, showed the baby having Down syndrome.

We started to pray, and God gave me two messages to be passed on to her. First, He said that her baby was already completely healed. The second part of the message was for her husband, who, until that day, had a difficult personality, especially about her faith and being involved in church.

That man's heart was closed to the Gospel. What he did not know was that through the difficult situation they were facing, salvation would finally come into his life. After the prayer, I asked the young mother-to-be permission to go to her house and she allowed me to. I went to visit them that same evening at 7 o'clock.

Upon my arrival at their house, he was quite agitated. In anticipation to my arrival his wife had shared God's message about the baby's healing with him already which allowed him to have his mind more open. I was very direct and straight to the point and told him that God's time for his life had come.

Even though he was still agitated, he wanted to know if the baby was actually cured and would be born healthy. He wanted to test the conviction of my faith and make sure that God worked through my life. In his simple words and expressions of panic and concern, he told me that he would serve God from that moment on if the child was actually healed.

To his surprise, with God's authority and boldness from heaven, because I know in whom I believe, and knowing that the message had come directly from heaven's throne, I declared that he could safely surrender to God because the baby was healed. I also committed to go with her to the next ultrasound to witness in person to the great miracle that God performed.

Testifying the miracle

The following week I accompanied her to Boston Medical Center for her appointment. To the amazement of the ultrasound technician, she no longer saw what she had seen in the previous appointment. She was agitated and excused herself to see the obstetrician. We were put in a waiting room, and while we waited, I told the baby's mother to be calm because she would see God in action.

The doctor could not explain what was happening. She then shared that in the previous appointment, in addition to the Down syndrome she had noticed that the baby also had some defects caused by genetics. Now they were not finding those details in the images of that current ultrasound.

From the details the doctor shared with us, the previous test showed parts of the baby as a deformed mass and not as a complete child, and now the tests surprised them.

The baby now had a little body perfectly developed and for-med for the glory of God.

The obstetrician then recommended other tests to ensure that the child was healthy, one of the tests could pre-sent a serious risk to the child. The baby's mother knowing of God's deliverance and cure for the baby, opted not to have the test done.

A few months later, that child was born, and today he is a healthy, intelligent, creative, and handsome boy! Every time I see him, I always refer to him as my miracle, and the whole church learned of God's action and grew in faith and trust with this testimony.

The church needs to be a place of healing, where the signs are manifested and where people can learn in practice that we serve a God who is not limited, but is able to perform miracles and use us as channels of his blessings. All we have to do is to put our faith in action.

CHAPTER 11

The secret

Only God knows how honored I am to share with you these testimonies that I have lived, and to encourage you to believe that He has great miracles to perform in your life as well.

I am sure that this book is coming into the hands of people seeking for physical, mental, and even spiritual healing and God allowed you to have it, because He wants to heal you. I also know that this material will arrive in the hands of those who believe in the power of God and want to be used to heal others.

I can attest to everyone that there is a secret for miracles to happen, and that secret is called a life of prayer. It is common not to experience greater miracles because our faith is not being exercised or we do not spend enough time with

God to understand His will, and to surrender completely to him.

Let's take a look at Abraham's life: a man of great faith and obedience. Imagine the situation in which he found himself in when facing God's difficult request, which was that Abraham would have to sacrifice his own son. I invite you to think of his anguish and the battle that was probably happening in his mind. We know that God would not let him sacrifice his son, but Abraham still did not know what deliverance was to come.

Still, that man maintained his faith and believed that God, the same God who had taken him out of the land of the Chaldeans and promised him, numerous descendants, was in complete control of his life. I confess that I almost lose my breath just thinking about Abraham's courage in doing that. These are moments in which we must deny ourselves and our will to please God. By doing that, all our efforts and sacrifices will be rewarded. See what the Word teaches us:

> *"The sacrifices of God are a broken spirit; a broken and contrite heart, o God, you will not despise."*
>
> *Psalm 51:17*

Our common excuse not to pray enough is that God knows us much better than we know ourselves, for He is our Creator. We know from the Scriptures that before we open our mouths, the Lord already knows what we are going to ask for. However, He does not tell us not to pray; on the contrary, He teaches us and encourages us to seek His presence, the GOD who can do and knows everything.

God is pleased when in prayer we tear our hearts out before Him and speak like a child who comes to his father, presenting Him with all his needs. He wants us to in detail describe everything we need before Him. For every good father seeks to do what's best for his children, and he will do all that is in his power to fulfill their needs.

If a human parent does that, are you able to imagine what the Lord Jesus is willing to do for us when we pour out ourselves before Him? Consider the love in God's eyes as He collects our prayers and the satisfaction of responding to our requests and meeting our needs.

God does not use favoritism when he answers our prayers, nor does he fail to comply with my request because there is a more urgent or a greater need ahead of mine. He loves us equally with agape love and has in His reservoir, blessings, and answers for all who seek His face. And whatever we ask according to His will, will be fulfilled even if it takes some time.

> *"And I will do whatever you ask in my name, so that the Son may bring glory to the Father. You may ask me for anything in my name, and I will do it."*
>
> *John 14:13-14*

Listening to God in dreams

The Bible reports on several passages in which God reveals His plans to His servants through dreams. And since He is an immutable God, even today, he continues to reveal Himself in the same way. It has not been different with me. Let me share with you an experience that shows that.

In Genesis 37, we read Joseph's fascinating story, in which God reveals his future through dreams. He suffered envy on the part of his brothers, who fervently desired

     ELAINE DASILVA

his death, and that even his father was frightened about these dreams and said that he would not prostrate himself before his son.

However, despite the negative reactions, the dreams came true when he became the Prince of Egypt. That is how God does it when He reveals or promises something to us; it will certainly be fulfilled regardless of how long it takes or the difficulties faced during the preparation process.

It is not my intention to spread the idea that all dreams come from God. However, some dreams are revelations, and we can discern it by the way we feel when we wake up. When God reveals something through a dream, it will come to fruition, and He also compels us to seek Him in order to show us the deliverance He will give us.

In September 2019, I had a dream about a person who congregated with us. In the dream, she was crying, a cry of despair because of a dire situation she was facing and needed help. In the dream, I prayed for her, so immediately upon waking up in the morning, I prayed for her life.

After that, I continued my activities, and in that evening, me and other members of the church went to the church to decorate it in preparation for the launch of my first book the next day. One of the ladies was sick, and without delay, I prayed for her. I then saw the person I saw in my dream and asked to talk to her.

Until that moment, I didn't know exactly how to pray for her, but knowing that God knows all things and that He puts the right words in my mouth when I pray for people, I started to pray. Immediately after I began, God sent me the message to rebuke an illness and the spirit of death that was over that woman. While praying, I noticed that she was crying and at the same time she was taking possession of her victory in Jesus' name.

What God wanted to do did not stop there. On Sunday, in the morning meeting, during the worship period, Jesus led me to pray for the sick and continue rebuking all diseases. While I prayed, I asked people to put their hand on the site of their illness, and to take possession, by faith of their cure. We spent amazing moments in the presence of the Lord.

During the same week, the lady I had dreamed about, told me that she was healed. She shared with me that when I mentioned the dream and prayed for her, she courageously took possession of her healing. She said that she was experiencing a severe illness and that the only person who knew about its severity was her son, as she wanted to prepare him for her death.

She even showed him the sizable lump that was in her breast, and the tests had found a cancer that was already in final stages. The doctor made it clear that the prognosis was not good, so she advised her son to get ready for her departure.

To my delight and confirmation that God speaks in many ways, during the ministry on Sunday, she also laid her hand on the disease and believed it was time to be freed from that malady. When she got home, she immediately looked for the lump and it was gone. Her son was amazed and happy, and she also shared her testimony before the church, where everyone celebrated her cure with her.

When she returned to the doctor, none of the tests showed the lump anymore, and no matter how hard the doctor tried to find it, the disease was no longer there. That health professional tried to find an explanation, but he couldn't. The tumor than once was visible to the naked eye, now couldn't be found. The doctor had no choice but to accept that something divine had happened.

She got to know Jehovah-Rapha, the God who heals more closely. I would like to encourage you, dear reader, to

 ELAINE DASILVA

also get to know Him. Stand firm in faith and believe that He can do anything and that He reveals Himself to us in many different ways, including through prophetic dreams. Open your heart to start experiencing these manifestations in your life. God's word says:

> *"And these signs will accompany those who believe: In my name they will drive out demons; they will speak in new tongues; they will pick up snakes with their hands; and when they drink deadly poison, it will not hurt them at all; they will place their hands on sick people, and they will get well."*

> *Mark 16:17-18*

CHAPTER 12

Exercising Faith

"Is anyone of you sick? He should call the elders of the church to pray over him and anoint him with oil in the name of the Lord. And the prayer offered in faith will make the sick person well; the Lord will raise him up. If he has sinned, he will be forgiven."

James 5:14-15

Earlier, we talked about the importance of divine signs for the edification of our church, and reading this verse, I realize that the members of our congregation know that they can always count on us to pray for them. It is great to know that they feel comfortable to share their loads with us and together we present those situations before God.

Just over a month after the testimony in which God healed our friend from the lump in the breast, another lady approached me after the service to ask for prayer. She told me she had a sore throat, and hoarseness that now had stolen her voice. She had to make a great effort for her voice to come out, and was quite unwell. We prayed, and she went to her appointment.

After some tests, the doctor explained that she had a lump in her throat and would need surgery. The diagnosis showed a malignant tumor. What a difficult time that was. She felt her heart collapse inside her and was invaded by panic and even fear of dying.

She could not stop thinking about her husband and her teenage daughter, who, in turn, were also disoriented, fearing to lose her, as they could not bear the thought of a life without her.

Despite that situation, she shared the results with me and asked me to pray for her. I immediately took the oil, anointed her, and we cried out to God, as I rebuked that lump in Jesus' name. When praying, God instructed me to tell her to calm her heart and rest in Him because the doctors would not find anything in the next tests. From that day on, she was completely healed.

As she had not yet experienced such a miracle until that day, her heart remained shaken, and her mind struggled with the uncertainty of this divine operation. But as we read in Hebrews 11:1, "Now faith is being sure of what we hope for and certain of what we do not see." This way, that sister would need to position herself as one who saw the supernatural.

In our journey, we will face situations in which we will need to exercise our faith, to activate it. Faith is like a muscle that needs constant stimulation, or it becomes stunted, inoperative. As we give it the necessary attention and work towards strengthening it, it becomes more resilient and stronger, and increases our ability to face problems with the right attitude.

What happened to her is very common. Sometimes we love God above all things, but depending on the situation we are facing, as humans, we are attacked, and our minds become our greatest adversary. With the uncertainty of her future, she had planned to return to Brazil as she thought that it would be easier on her family in the event of her passing.

Once her new appointment had been scheduled, she went to church, and met my husband, Pastor Agnaldo. Once again, she opened her heart and cried for help. She also mentioned that I had already prayed for her. She went as far as mentioning that, directed by God, I told her that she could rest because the work of God in her life had already been done. With this information, my husband looked at her and said: "So, listen to her and rest. If God directed Pastor Elaine to tell you that, just trust her!"

After a few days, the so frightening time to return to the doctors had come. Needless to say, to her surprise, everything happened the way the Lord had said. His promise had not changed; He always keeps His promises.

The doctor could not find anything and said that something strange had happened in her throat. To his amazement, on the spot where the tumor once resided, there was only a scar left. Praise the Lord! God performed the surgery and left that scar there so everyone could believe that He, the doctor of doctors, and the Lord of Lords had operated on her.

She later on, came to the Sunday service with her husband and her daughter to give her testimony before the congregation. Her and her family wept with joy, satisfaction, and contentment for the miracle received. Many of the other church members were also crying, and everyone delighted with that remarkable and beautiful moment. Praise God!

> ***"For I know the plans I have for you, declares the Lord, plans to prosper you and not to harm you, plans to give you hope and a future. Then you will call upon me and come and pray to me, and I will listen to you. You will seek me and find me when you seek me with all your heart."***

> *Jeremiah 29:11-13*

God's command and His intentions about us are clear. He did not create us to drift away, but He left us His Word for our comfort and to be a compass for our living. Through His word, we are encouraged to seek healing in all aspects of our lives.

> ***"Heal me, o Lord, and I will be healed; save me and I will be saved, for you are the one I praise."***

> *Jeremiah 17:14*

God favors us and wants to bless us. We just need to get out of our comfort zone and search for Him. We need to breakthrough in faith. We need to seek more of His presence, develop an intimate and profound communion with the Holy Spirit, and an intense relationship with Jesus. The heart of God is always ready to answer us:

"If you then, though you are evil, know how to give good gifts to your children, how much more will your Father in heaven give the Holy Spirit to those who ask him?"

Luke 11:13

"Ask and it will be given to you; seek and you will find; knock and the door will be opened to you... your Father in heaven give good gifts to those who ask him!"

Mathew 7:7 / 11

God wants to act; He is just waiting for us to take the first step towards Him. To illustrate it better, let me share one more story of a physical and spiritual miracle that only happened because the person wanted more from God.

Renewed faith

On Fridays, we have a service dedicated to deliverance and healing in our church. On a particular day, a certain sister asked for prayer because her back was bothering her. She realized that her movements were not the same, which caused pain and discomfort. As I laid hands on her, I felt that God wanted to heal her physically and spiritually.

As I began to pray for her, the power of God was so intense in that place that she couldn't stand, and there on the church's floor, God renewed her. When she got up, she no longer felt any discomfort, and her back allowed for normal activities once again. The gratitude to God was immeasurable; for that day, her faith was strengthened, and her vigor restored.

That illness had prevented her from attending church meetings regularly, and discouragement had taken hold over her. Now, she was free to worship God in the temple once again. Upon arriving home, she shared the healing experience with her husband, who was also revived with that news, and together they now continue to seek the almighty.

Obedience equals miracles

Another fundamental aspect of the search for God is obedience. When we obey God, the miracle will happen in any area of our lives we need it to. The Bible teaches us that "to obey is better than sacrifice" (see 1 Samuel 15:22). But how many times do we deceive ourselves by fasting, obeying rituals, while disobeying God unashamedly when He asks us to do something that is not for our benefit?

I wish we could see the people around us with God's eyes for a few seconds, and love them with the love that He loves them, and dare to sacrifice ourselves for others who need us. Let's make a decision to obey Him more and we will experience the profound results of doing it.

I remember a service back in 2015. I was literally dragging myself; I didn't use a cane or a crutch because I didn't have them at home. I had dislocated my back, and the pain was greater than my strength. I had taken pain medication, gotten massages, used a cream common among athletes, and even another cream used on horses, which a lady from church had told me about.

I had done everything I could, yet with no positive results. Due to Fibromyalgia (note that I do not call this disease my own, it is affecting me, but it doesn't belong to me), conventional methods and remedies rarely work, as the body becomes resistant to pain medication. The muscles have a hard time recovering and any incident becomes more challenging to overcome.

But let's go back to the Sunday service. I was in the pulpit to minister the moment of worship and praises to the Lord and lead the church to worship God together with our worship team. As soon as I started ministering God spoke firmly in my ears in an impactful and clear way saying: "Stop the songs and start praying for My healing over the sick."

Without any delay, I stopped the worship and shared with the church what God had told me. I obeyed God's command, and His presence was poured out in that place in such way that reminded me of how His presence invaded the tabernacle in the Old Testament:

> *"Then the cloud covered the Tent of Meeting, and the glory of the Lord filled the tabernacle."*
>
> *Exodus 40:34*

Unexpectedly God touched my back and put it back in place. What a pleasant surprise the Lord Jesus gave me! While I obeyed His command to pray for others, He did for me what I needed most. After that day, my back didn't dislocate anymore.

Jehovah-Rapha, the God who heals, healed me and wants to heal you too. Just believe, persevere and obey Him, and you will be surprised with the wonders He will operate in you and throughout your life.

> *"But the man who looks intently into the perfect law that gives freedom, and continues to do this, not forgetting what he has heard, but doing it – he will be blessed in what he does."*
>
> *James 1:25*

CHAPTER 13

Attitudes that heal

By reading this book to this point, you already know that God wants to heal you, and above all, to make you a healing instrument for other people. After all, the true meaning of the Gospel is that we can serve others as our Master did. That is why I invite you to reflect on how impactful our participation can be in healing people.

We know that there are things that are not up to us to resolve. Topics that go beyond our human capacity. With that being said, there are behaviors and a certain posture that we can take to be used by God as a healer, and that is the topic I would like to reflect with you on this chapter. In the next several paragraphs I will share with you behaviors that make us vessels of blessing and tools of transformation in the lives of others:

1 – PROPHESIZE BLESSING WORDS

We know that what flows from our lips has the power to bring life or death, so our mouths need to be a channel of blessing, healing, life, and peace. God's Word is filled with words that we can prophesize over our lives and the lives of those around us.

As bad as someone's situation may be, if we declare the word of God over the person with firm faith, we can trust that God will resolve the situation. We also need to rebuke the Devil with authority in the name of Jesus and celebrate the victory. I like a verse in Isaiah that I have used it many times in my prayers:

> *"From the west, men will fear the name of the Lord, and from the rising of the sun, they will revere his glory. For he will come like a pent-up flood that the breath of the Lord drives along."*

> *Isaiah 59:19*

Let us seek victory in God, and if the devil rises against us, we have no reason to fear because the Holy Spirit will raise the flag of victory against him.

2 – PRAY FOR THE PERSON

> *"Pray for each other so that you may be healed. The prayer of a righteous man is powerful and effective."*

> *James 5:16*

Prayer will always be one of the main pieces in the victory puzzle. There is no way to be victorious, to bless others, and to fight in the spiritual realm if we do not pray. If we ask,

God will give us the wisdom on how to pray for miracles with faith and believing in His power.

> *"Call to me and I will answer you and tell you great and unsearchable things you do not know."*
>
> *Jeremiah 33:3*

We must be careful not to pray against God's will. If someone is sick and we start asking God to shorten their suffering by anticipating their death, while their prayer request was for healing, we will be bringing sadness and lack of faith to the sick person. I have met people who, because of their own interests, prayed for someone's death instead of prophesying life. Our prayer needs to be like Paul's prayer for the Philippians:

> *"And this is my prayer: that your love may abound more and more in knowledge and depth of insight, so that you may be able to discern what is best and may be pure and blameless until the day of Christ, filled with the fruit of righteousness that comes through Jesus Christ – to the glory and praise of God."*
>
> *Philippians 1:9-11*

Everything we do needs to be done in love; we need to put ourselves in the shoes of the person for whom we are praying, interceding, or fasting. This process will not be easy, but the satisfaction of witnessing people being transformed and healed is priceless.

There is such satisfaction in knowing that God, the Almighty, has enabled you to overcome obstacles and many uprisings from hell so that someone, who was hurt, could be transformed. All honor and glory be given to Him, our sovereign God.

> *"For from him and through him and to him are all things. To him be the glory forever! Amen."*
>
> *Romans 11:36*

We need to have a level of intimacy with God through prayer so that He can use us for the Glory of His name. Let us be men and women of prayer. The world we live in needs prayer intercessors, people who pay the price in prayer so miracles can happen.

> *"Do not be anxious about anything, but in everything, by prayer and petition, with thanksgiving, present your requests to God. And the peace of God, which transcends all understanding, will guard your hearts and your minds in Christ Jesus."*
>
> *Philippians 4:6-7*

Once again, God instructs us to pray without ceasing as the Word of God relates "pray continually" (see 1 Thessalonians 5:17). Pray with faith and lay before Him all the causes we are fighting for, and with that He, the good God will bring peace, tranquility, and answers to our requests.

3 – SHARE A BIBLE VERSE

The Bible will always be the right and precise source of words we should use. This age of technology has placed in our hands different opportunities for us to spread the Word of God. We have access to WhatsApp, E-mail, Facebook, Instagram, Twitter, and many other channels that I am unacquainted with yet.

However, unfortunately, social media is commonly used to share information that does not bring any secular nor spiritual enlightenment. As Christians, we have an opportunity, to revolutionize these channels and bring healing, deliverance, and salvation of souls for the kingdom of God.

Make a commitment before God to send people around you Bible verses through the media channels you have available to you. Feel free to also make phone calls to bless those in need of healing. Below are some examples of bible verses we can use:

"Surely he took up our infirmities and carried our sorrows, yet we considered him stricken by God, smitten by him, and afflicted. But he was pierced for our transgressions, he was crushed for our iniquities; the punishment that brought us peace was upon him, and by his wounds we are healed."

Isaiah 53:4-5

"Dear friend, I pray that you may enjoy good health and that all may go well with you, even as your soul is getting along well."

3 John 1:2

"My son, pay attention to what I say; listen closely to my words. Do not let them

out of your sight, keep them within your heart; for they are life to those who find them and health to a man's whole body."

Proverbs 4:20-22

Make it a habit to bless others with the Word of God. Don't just do it once in a while, but make a note and add it to your schedule or calendar, and don't lose focus to spread God's Word with those who need it.

4 – BE A FRIEND

Friendship is something wonderful that cannot be found just anywhere or around the corner. A friendship is built through and with love. True friends are with us at all times and through any circumstance, without judgment.

Finding a true friend is a rarity in the world we live in today; it is like finding a pearl of great value. As servants of God, we must be sincere, and when we decide to offer our friendship to someone, we must act loyally and imitate Christ's behavior.

"A man of many companions may come to ruin, but there is a friend who sticks closer than a brother."

Proverbs 18:24

"A friend loves at all times, and a brother is born for adversity."

Proverbs 17:17

How can we guarantee that our friends will never betray us? In fact, we cannot do that. But regardless of this factor, our healing and complete restoration must continue being the center of our focus. Always remember that our friend Jesus, the friend of friends, will never fail and will never give up on us.

I understand that many people never had a true friend to share their pain, their moments of sadness and weaknesses with. The first move is to invite Jesus to be our best friend and with His guidance invite others to be part of our lives. Allow Jesus to embrace you today. Feel His love for you, and open your heart, letting Him live in you from now on.

> *"Greater love has no one than this, that he lay down his life for his friends. You are my friend if you do what I command. I no longer call you servants, because a servant does not know his master's business. Instead, I have called you friends, for everything that I learned from my Father I have made known to you."*
>
> *John 15:13-15*

I never get tired of reading and rereading these verses, because I see the love of God for all of us clearly shown in them. My desire is for these verses to be an invitation to us to become trustworthy friends and make those around us feel as loved by the Lord as we already feel.

5 – MAKE A VISIT

Visiting people with no personal interest, just to help them, has become a rarity. Our daily rush has been our excuse and has prevented us from taking a few minutes to bless others.

We no longer hear of many people cooking a meal for someone who is sick, or visiting someone who doesn't move easily, let alone visiting people with emotional illness. If we could understand the value of a visit and especially when people can testify of our pure intention to help them, we would be more active in this area.

I remember a man who was at home praying, and God sent him to the supermarket. Upon his arrival, God told him to hug the young man that was passing by him, and to tell him that Jesus loved him. He obeyed the voice of God regardless of his fear of what people could think of him.

Immediately the young man started to cry and shared that his life had been a valley of suffering, he felt worthless, and that it was the first time he heard and felt that someone actually loved him. As the conversation continued, he confessed to that man his suicide plan.

The young man had planned to get home and, with a gun that was already prepared, shoot himself in the ear. He was convinced that suicide was the only way out. That gentleman now offered him the opportunity to surrender to Christ. He invited him to allow Christ be the center of his existence, and receive Him as Lord and savior of his life, to which the young man promptly accepted.

Together they made the confession prayer, and from that moment on, God began the healing process in that young man's life. By the obedience of that servant of God, Jesus saved and forgave the young man's sins and delivered him not only from physical but also from eternal death.

> *"That if you confess with your mouth, "Jesus is Lord," and believe in your heart that God raised him from the dead, you will be saved."*
>
> *Romans 10:9*

Who knew a hug could be so important? We live in a society thirsty for love and encouragement. People live in despair going from home to work, work to home, or college, and find no rest for their souls, and many of them are just desperate to receive a hug.

If you feel the direction of God to make visits, start to sanctify yourself now, so that when God indicates where to go, you are prepared and can be a blessing to those visited by you. We need to be vigilant not to act out of our emotions or need to show others that we are obeying God.

> *"But when you give to the needy, do not let your left hand know what your right hand is doing."*
>
> *Mathew 6:3*

Let us not lose focus when doing God's work. We must never seek our own glory. Our reward is not here, but in heaven. We must also strive to be people who spread hope and not despair.

I cannot deny that sometimes God has directed me to deliver difficult to address messages. In those instances God also gives me the wisdom and the necessary insight on when and how to deliver what God is commanding me to say. I would like to emphasize that regardless of whether I am delivering a positive or difficult to hear message, I seek confirmation from God before saying anything.

I emphasize this topic because not every feeling we have come from God and depending on the subject, we need to pray and get God's confirmation to be sure that the message delivered is helping the recipients to achieve their healing.

I still remember when visiting this lady, a friend of many years, who was ill. When we arrived at her house we met several people there, as everyone loved her and wanted to be there for her. In an act of faith and unity, we held hands and prayed for divine intervention, because Jehovah-Rapha, the God who heals, was the only one who could heal her. We could feel the power of God in that place, and after that prayer, her husband and daughters were smiling certain of her cure.

However, to our surprise, one person that was there deliberately began to tell her daughters, that she would soon die and advised them to prepare for it. In a matter of minutes, the climate of peace and hope became a spiritual battleground with deep sadness accompanied by fear and lack of faith.

Immediately my husband and I warned everyone that God is the God of the impossible and that He was in control of that situation. I thank God that we were there while that scenario was undergoing because we were able to act quickly under the guidance of the Holy Spirit, and once again bring a word of hope to everyone.

For the glory of God, the sick lady was completely healed. Many years have passed since that episode and to this day she continues to stand firm and strong in her faith, serving Jesus with joy and gratitude, always praising God for His mercy in her life.

Therefore, I insist that we take all possible measures to be a channel of kindness, love, and faith, and not of despair. Words can be used devastate and destroy or build and bless. When visiting someone, we should fill the environment with praises, read the Bible and pray with the family or the person we are meeting with. If we pray with faith, the Lord will certainly respond to our requests.

> *"This is the confidence we have in approaching God: that if we ask anything according to his will, he hears us."*

> *1 John 5:14*

Let us present ourselves as examples of life to the wounded, acting in such a way that our neighbor feels helped and blessed by us. Also, share material blessings with others, such as clothes and shoes in good condition. A Bible to those who do not have one, a plate of food, or whatever is within your reach. My husband and I have lived by faith, sharing even the last we have, and God has rewarded us and poured out blessings beyond measure.

> *"If anyone has material possessions and sees his brother in need but has no pity on him, how can the love of God be in him?*
>
> *1 John 3:17*

Investing our time to bring joy to others, gives us more satisfaction than what those in the receiving end of our display of affection and compassion are getting. For as the Word of God teaches us: "It's more blessed to give than to receive" (see Acts 20:35).

6 – BE UNDERSTANDING

Another story that touches and inspires me greatly is the story of Hellen Keller. Helen Keller was only 19 months old when she lost her sight and hearing as a result of an illness that had affected her. This reality in Helen Keller's life left her depressed, aggressive, and without hope for a promising future until she met a teacher called Ann Sullivan.

This instructor understood her and helped her overcome the barriers created by her disabilities. Ann Sullivan understood the difficulties associated with blindness as she was almost blind herself. She also played a role in helping Helen Keller in her emotional healing process.

Ann Sullivan developed a teaching method using Helen's hands. She helped her to understand that regardless of her situation, it was possible to learn new things and improve herself. She provided Helen with hope and with the desire and the certainty that she could learn to read, write, and spell in Braille.

With the help of her mentor, Helen learned that her physical disability could be a difficult barrier to face, but it would not be the end of the road. The works "Empathy – Key to Kindness and Compassion" and "Summary of The Story of My Life: Helen Keller's Autobiography" report that Mrs. Sullivan certainly understood the emotional pain that Helen felt, as she was the first deaf and blind person to graduate in the area of Philosophy at a highly respected institute. Throughout her life, she defended social rights, especially those aimed towards people with disabilities.

Inspired by Ann Sullivan, Helen overcame obstacles and lived her life helping people who had similar disabilities as hers. All of that was possible, because one day, someone understood what she was going through.

> *"So long as you can sweeten another's pain, life is not in vain."*
>
> *Helen Keller*

When we are understanding and determine in our hearts to be participants in the creation of solutions and not problems, we can be a source of transformation in the lives of those who are hurting. Helen Keller's story could have been different, had it not been for the kindness of a teacher who believed Helen was capable of many things.

Physical and emotional problems can cause anxiety, depression, and even a change in temperament, and all of that with the person not realizing they are having these problems. People who have now recovered and are healed can testify

that they did not understand why they were alone and shun-
ned.

As victims of hurt people do not realize that their
behavior alienates others, and in return, those close to them
do not understand how to demonstrate kindness and compassion during this process of pain and suffering. This suffering
affects their physical, emotional, spiritual, and intellectual lives.

Be the answer to someone's prayer, an agent of healing
and transformation. We all have needs and problems, but the
best we can do for ourselves is not to orbit around our own
needs and reach out to others, demonstrating that way, the
love of the God we profess to serve.

CHAPTER 14

Attitudes that hurt

We covered in the earlier chapter some attitudes that can help in the healing process of people. Now I dedicate this chapter to tell you about what we should not do if we are committed to assist someone who needs healing. These are attitudes that I share based on my personal, pastoral, and psychological experiences, and I ask the Lord to make it enlightening to all who wish to be used by God.

1 – JUDGING

No matter how similar my situation is to yours, we will never have the same reaction or the same results. While for someone, a migraine that persists for months can be a normal fact of life, to another, it can be the last straw in a devastating situation.

I say this because when we put ourselves in the position of judges and jump to conclusions about someone's physical, spiritual, or emotional illness, we may be aggravating that person's condition. For example: if the problem was physical, our lack of understanding and support could create an emotional wound which in turn worsens the physical situation twice as much. So, what is the benefit that we bring to this situation when we add our judgment to it? What reward will we receive for aggravating someone's sadness?

According to the Priberam dictionary (a Portuguese language dictionary), judging is: "proceed to examine the cause of; decide (as a judge, arbitrator, etc.); sentence; form a judgment about; imagine; belief; suppose; take into account; pronounce a sentence; form a concept. Be a judge of yourself; evaluate yourself; believe yourself."

However, we cannot forget that God is our judge and Lord, and we cannot and should not take God's place to judge or criticize anyone. All of our works will be judged, and everything we do is connected not only with the principle of sowing but also with the fact that acting with love and kindness towards others is our obligation.

I like an expression my husband uses: "brothers, in His steps, what would Jesus do?" This phrase used by him is a title of a book and an evangelical movie too. As Christians, or even as just human beings, we need to be more like Jesus and act like Him more often.

There are countless situations in which Jesus was right, yet He decided not to judge, but reach out and help those who needed His help. Do you remember the woman caught in adultery? Or the blind that was healed by Jesus? And the oppressed people He freed?

Jesus healed and still heals today. We were also healed by Him spiritually, emotionally and physically, to be able to heal other people. Reflect with me in these biblical passages:

> *"You, then, why you judge your brother? Or why do you look down on your brother? For we will all stand before God's judgment seat."*

> *Romans 14:10*

> *"Do not judge, or you too will be judged. For in the same way you judge others, you will be judged, and with the measure you use, it will be measured to you. Why do you look at the speck of sawdust in your brother's eye and pay no attention to the plank in your own eye? How can you say to your brother, 'Let me take the speck out of your eye', when all the time there is a plank in your own eye? You hypocrite, first take the plank out of your own eye, and then you will see clearly to remove the speck of your brother's eye."*

> *Mathew 7:1-5*

> *"Do not judge, and you will not be judged. Do not condemn, and you will not be condemned. Forgive, and will be forgiven. Give, and it will be given to you. A good measure, pressed down, shaken together and running over, will be poured into your lap. For with the measure you use, it will be measured to you."*

> *Luke 6:37-38*

Today we have the opportunity to make an intelligent and conscious decision to avoid being instruments of judg-

 ELAINE DASILVA

ment, and become instruments of healing. The Bible teaches us in Romans 12.2, not to conform with this world but to be transformed by the renewing of our minds. Then we will be able to experience God's will that is good and perfect. When we decide not to judge others, we and our families are blessed by God in ways we cannot imagine.

2 – SPEAKING ILL OF OTHERS

> *"If anyone says, 'I love God', yet hates his brother, he is a liar. For anyone who does not love his brother, who he has seen, cannot love God, whom he has not seen."*

> *1 John 4:20*

Look at the responsibility we have, since the Word of God teaches us to love our neighbors and speak well of people. Jesus being perfect, chooses to see the best in all of us, even though our flaws are not invisible to Him, He chooses to give greater importance to the good qualities that He has placed in us.

Let's meditate in this for a second: if Jesus saves and s restores the life of a criminal or serial-killer, and shows love and compassion for them, why do we sometimes want to take God's place and allow our human tendency to take over? When we speak ill of people, we open a door to the devil and attract a curse for our lives.

There is nothing more devastating than the deceitful spirit of a human being. There are people that in our presence will praise us, and even offer us their friendship, but once removed from our presence words of betrayal and destruction are part of their vocabulary. This attitude not only displeases

God but brings spiritual and even physical destruction to those who choose this practice. Let us meditate on what James says:

> *"With the tongue we praise our Lord and Father, and with it we curse men, who have been made in God's likeness. Out of the same mouth come praise and cursing. My brothers, this should not be."*
>
> *James 3:9-10*

We cannot prevent people from approaching us to share information that they shouldn't be sharing. However, with kindness and Christian love, we can invite the person to pray for the individual who is not present, and let God take over the situation and bring the much needed solution.

Pleasing and obeying God is more important than pleasing people who maliciously try to include us in situations that do not contribute to anyone's wellbeing. Serving God and pleasing Him in any circumstances many times requires sacrifices and making difficult decisions. Do not be afraid of standing up and eliminating unnecessary conversations from our life.

Know that many individuals who need healing, have a lot of emotional needs and try to draw attention to themselves, even if for that they need to damage other people's image. Do not be part of this destructive team! We should not be an accomplice of destructive behavior that may bring destruction to those around us, independently if they are our neighbors, pastors, friends, etc.

The leadership of our churches have been called by God to the ministry and despite their flaws and downfalls they are to be respected and honored. Pastors, deacons, elders,

     ELAINE DASILVA

and church workers in general, carry a very heavy spiritual responsibility and are under great scrutiny. Let us pray more for each one of them, and present them before God, with true love. Praying for them is a much more useful time of our time than making unnecessary comments. See what the Bible teaches us:

> *"Brothers, do not slander one another. Anyone who speaks against his brother or judges him speaks against the law and judges it. When you judge the law, you are not keeping it, but sitting in judgment on it. There is only one Lawgiver and Judge, the one who is able to save and destroy. But you — who are you to judge your neighbor?"*

> *James 4:11-12*

> *"Do not pay attention to every word people say, or you may hear your servant cursing you."*

> *Ecclesiastes 7:21*

If we say we love God, we must commit daily to obey Him, and not make room for evil influence. Lies and fabricated words against others can destroy lives. Bellow, we have added an analogy that can help us understand the danger of spreading false information and defamation words towards others:

"Imagine yourself, on a windy day, on the top floor of the tallest building you have ever seen. Now, open a bag full of feathers and throw them out the window. Is the task done? Okay. Now, go downstairs, get out of the building, and collect every feather you tossed out from the top of the building. Are you telling me that this task is impossible? Yes, it is. And so are the untruthful, mean, spiteful, and inappropriate words we say about other people. They can never be collected back. Even if we go to great lengths to reach out as many people as possible, not everyone affected by our malice will know the truth. For just as the wind carried those feathers to unimaginable distances, so the words we say about others, whether good or bad, will reach inexplicable levels."

We are called to be a channel of life and healing. When we sow what is good, we can partake on the best of this land. Jesus has placed at our disposal the best seeds. So, let us not be contaminated with seeds of inferior value that the devil puts in front of us.

3 – ADVISING WITHOUT KNOWLEDGE

In many cases, the damage caused by wrong advice is more harmful than physical wounds. In my ministry, I have assisted people who felt lost and destroyed because of information they received based on human convictions.

As we mentioned in previous paragraphs, even if the situation that two people are facing are similar, the results or outcomes are usually not. Therefore, counseling without the necessary knowledge can become destructive and invalidates the purpose of the advice.

Another aggravating factor is that we know the Word of God. If the advice offered does not represent the biblical instructions, it is better to remain silent. The Bible places a heavy responsibility on those who cause others to stumble. Any counseling that goes against God's word is not an option.

A clear example is couples counseling. People who are experiencing crises in their marriage, where both are hurt and in need of healing, can become targets of selfish and non-biblical advice. In many cases, one of the spouses, or both,

   ELAINE DASILVA

feel confident with the so called friend/counselor and share their difficulties, opening their hearts sharing the most intimate and private details. The down fall is that in most cases, because these counselors are not equipped with the Word of God and a sense of responsibility for the family as God's project, they may advise the couple in a detrimental way and cause even more wounds.

In the Word of God, we find hope, advice on how to behave as a spouse. The Bible also delineates our responsibilities as a husband or wife, and above all, how and when we should seek His presence. God's timing on answering our requests may not be what we wish for, however, waiting for Him and His answers is never a mistake.

When we wait for God's response, He doesn't only work on our immediate request, but due to His knowledge of who we are and what is happening, He will also uncover, address and resolve the root cause of the problem. We should not allow fear to prevent us from continuing fighting. We have to persevere, trust in Him and His time for our victory, submitting to His will at all times, because only He knows what is best for each one of us.

Many of us were victims of destructive counseling and because of that, now we carry wounds. However, today is a new day, a new opportunity, a new beginning to all who seek wisdom. So embrace the cause of Christ and the direction of a God who does not fail.

Pray and ask for God's guidance and look for someone qualified to help you. When we do our part, the Holy Spirit does His. By deciding to help ourselves, we may be taking the first step to allow God to use us to heal and transform the wounds of others around us.

> *"The fear of the Lord is the beginning of wisdom, and knowledge of the Holy One is understanding."*
>
> *Proverbs 9:10*

> *"For the Lord gives wisdom, and from his mouth come knowledge and understanding."*

Proverbs 2:6

> *"Wisdom is a shelter as money is a shelter, but the advantage of knowledge is this: that wisdom preserves the life of its possessor."*
>
> *Ecclesiastes 7:12*

Seek wisdom from God, and He will be responsible for giving you all the necessary training and will use you for the honor and glory of His name.

4 – MINIMIZING THE SUFFERING OF OTHERS

I've faced a lot of sadness which people comparing their suffering to mine. It was very disappointing when doctors, nurses and therapists compared what I was feeling with other patients, or described me as a hopeless cause. There were situations when they doubted the degree of pain that afflicted me. They would send me home empty handed and without any updated treatments or information.

In one of my flights, there was a flight attendant who, when I asked for her help with my carryon luggage, began

 ELAINE DASILVA

yelling and stating that helping me with my suitcase was not part of her activities. Despite my efforts to explain my physical condition to her, she became irritated and hostile. If that wasn't enough she tried to prevent another passenger from helping me.

These insults made my physical pain even worse, not to mention the emotional pain, the feeling of helplessness, loneliness, and sadness. But God was always my confidant and helped me in these difficult times. Also, I always had the support of my husband, who very kind, suffering with me and enduring the insults that came from all directions. Many times I just did not share the insults with him to avoid seeing him hurting.

Can you remember the way you felt when someone said something like: I know what you are going through, I've been through the same situation! Do you remember the anguish that entered your heart because you could not even own your suffering?

Based on what you felt with the scenario above, I would like to advise you to have a different attitude when someone comes to you to share their suffering. You may say something like: "I cannot imagine what you are going through, but I would like to be able to help you and be a blessing in your life. I want to be able to help you carry this load!" these words will open doors to heal the pain and wounds of those who approach you and to honor and glorify the name of the Lord Jesus Christ. Think about it:

> *"Wise men store up knowledge, but the mouth of a fool invites ruin."*
>
> *Proverbs 10:14*

> *"A word aptly spoken is like apples of gold in settings of silver."*

An example of how we humans tend to minimize the pain of others was when my youngest son, at the age of three, needed a corrective surgery on his left eye, to prevent vision loss. He had been wearing glasses since he was three months old, which had a huge impact on us. Can you imagine your baby wearing glasses?

Over time we've got used to the idea, and we even thought it was cute because the glasses were so tiny. In one of my next books, I will give more details of the miracle cures in James' life and his vision. But going back to the days before his surgery: A friend of ours felt a lot of compassion for us and James' situation, and with the best of intentions shared her concerns and care for us with another person.

The other lady, without any delay or details of the ordeal we were facing, minimized the problem by saying that eye operations are simple. But for a parent, there is no such thing as a simple operation, as a general anesthesia for a child with poor health will never be simple.

God is always in control, and we believe it. However, we are only human, and seeing our little son having to undergo a medical procedure like that, which took several hours to reconstruct the base of the muscles in his eye, brought us anguish and suffering.

I praise God that He, once again, was our comfort at that moment. Jesus said that in the world we would be afflicted, but that we should be brave, because He overcame the world, and with that, I was sure that everything would be fine.

*"I have told you these things, so that
in me you may have peace. In these world*

you will have trouble. But take heart! I have overcome the world."

John 16:33

We will never know what is coming our way, so it is essential to have compassion for one another. I would not be able to count how many times the people who despised me for my pain, or minimized my suffering or my family's anguish, were now coming to us asking for help. I thank God that during my healing process, He has taught me to love those who, with hate and fury has spoken and acted against our lives and ministry.

As servants of God, let us never engage in minimizing the pain of others, or comparing what they are going through with our situation. God allows us to go through difficult circumstances to use those situations to impact others. Be prepared; God wants to use YOU.

5 – AVOID DESTRUCTIVE WORDS

I am amazed at how God thought of all the details when He inspired the Bible writers to compose this Holly book that is our user's manual. All the necessary guidance for our human and Christian development are in it.

God, the sacred author, in His infinite wisdom, and knowing the particularities of each human being, left His instructions recorded for all of us. By making the reading of the Bible a daily routine, we will be ready to bless and be blessed.

"The tongue has the power of life and death, and those who love it will eat its fruit."

Proverbs 18:21

As the verse above mentions, our words have power. We must think before we speak, hold on to our reasons and ask God to direct us to express what is right at the right time. We must learn to keep our words to ourselves and be prudent when using them, so that when we open our mouths, our words can have a more real and effective impact.

I particularly always ask God to purify my lips as He did with Isaiah. We are flawed and imperfect, but we have a perfect God who dwells in us. The responsibility of being vigilant with our words, so we do not prophesize destruction, is entirely ours.

We will never be able to justify ourselves before God for having used destructive language at the time of anger, or for thinking that we had the right to say so. Once again, I emphasize: our words have power, and it is our responsibility to use them wisely.

Let me share with you the story of a girl who came to us asking for help in prayer. Her soul was wounded, and her emotional health was devastated by the curse words constantly used by her mother towards her and her siblings' lives.

We are an emotionally damaged generation raising an even more unwell group of people. And this is one of the reasons why I decided to write this book because we need to take control of this situation and bring it to the presence of God for our healing to happen. With our cure we can influence our children and others around us to also seek God and the healing that He offers.

That young lady's mother, who most certainly was extremely wounded herself, in a moment of anger and lack of self-control, shouted the wish of a specific death to one of her children. To her desperation and the family's dismay, her words come to fruition in every detail, which left that young lady even more desperate and full of resentment. As she described the stories and this horrendous fact to us, our hearts felt her pain and sadness.

We then prayed together and she made the conscious decision to release forgiveness for her mother. , God healed her wounds, and today she is strong, continues to seek her emotional health and serves God faithfully.

We have before us the opportunity to become God's agents of healing in the lives of others, or agents of destruction and instruments that enhance human pain. God created us to be His representatives on earth. I would like to invite you to cast your old behaviors, attitudes and anything else that needs change before the cross today. Make the decision to be healed!

Conclusion

As I was writing and correcting his book, God spoke to me deeply and I learned from my own testimonies. I would like to wish you the same. May each page of this book bring you hope, comfort, and strength to your faith. Do not allow the wounds you carry at this moment to prevent you from being who God wants you to be. Christ is re-writing your history and has a purpose to be fulfilled in your life.

Close your ears to negativity, to words of defeat or even curse words that have been cast on your life. Make a decision to re-invest in your dreams. Our God is a God of new opportunities and has never given up on you. Rejection, mistreatment, abuse of all kinds, or any other event in your life won't change His love for you.

God does not look at us like humans do, but He looks at us with the love of a Creator who cherishes the work he has created, regardless of the wrong steps and thoughtless decisions we may have taken. We are His masterpiece, and He made us to live an abundant life.

As I mentioned before, if He does not remove the thorn from our flesh, He will give us the strength to overcome the obstacles caused by the thorn. With God at the center of our lives, wounds cannot control us, and our outlook in life will change completely.

Let us stop focusing on what is not essential and totally surrender before Christ. What is the use in conquering the world if for that we need to compromise our salvation? Having the body healed but the spirit sick? "What good is it for a man to gain the whole world, yet forfeit his soul?" (See Mark 8:36).

As a minister of the gospel, I declare that you will rise from the ashes, and you will be freed from the bonds that bind you right now. I proclaim that the devil's plan against your life, your marriage, and a better future for you are being destroyed this very moment. I declare that all hereditary curses, are being destroyed in the name of Jesus and that you are being healed and will continue your journey of healing and happines in the name of Jesus.

Dear reader, apply the principles presented in this book, and let God use you to heal others. You have been chosen to be a source of blessings. I also wish for your life testimony to travel around the world so that the name of Jesus can be proclaimed.

Never forget that you can do all things in Him, who strengthens you! You are now beginning a new chapter in your life, because the wounds you have suffered will turn your life into a path of victory, restoration, and healing. Never give up on this fight because you are not alone. Jesus is facing the storm with you, and His purpose will be entirely fulfilled and will be a channel of blessings for many others.

Get ready; your time has come!

Heal lives in the name of Jesus.

I conclude this book with a few brief words from those who received their healings, and whose stories were reported in this book:

"First of all, I thank God for my healing, and for giving Pastor Elaine Dasilva the gift of healing."

Fabricia Rodrigues

"I primarily thank God for sending me the Pastor to pray for me so that I could receive the healing of the lump in my throat. I also thank the whole church for their support."

Cristina Santa

"I thank God, and I thank Pastor Elaine for being with me at that difficult time. I am very grateful to you for having consoled us in the most difficult time of our lives."

Cleuza de Araujo

"Thank you, Pastor, for everything. Thank you, Pastor Elaine, for being a friendly and caring praying woman. God has used your life greatly."

Valdineia Viana

"For nothing is impossible with God. (Luke 1:37). With the strength of my faith, I managed to win this hard battle against the disease that consumed my body. Thank you, my God."

Paula Correa

"God allowed us to witness His power through the healing of my daughter Marina, who had suffered from lactose intolerance since she was three months old. While the Pastor prayed to God for her fever, she was healed in the name of Jesus from the fever and lactose intolerance. I am immensely grateful to God because He is good and acts on our needs."

Munique Macedo

With great affection, I also thank all of you who permitted me to publish your testimonies to glorify the name of our Lord Jesus. I love you.

If you, my dear reader friend, also have some testimony not reported here and would like to share it with me, please send an email to contato.elainedasilva@gmail.com.

Bibliography

TEAM: A Callery pear tree became known as the "Survivor Tree" after enduring the September 11, 2001 terror attacks at the World Trade Center. Available in: <https://www.911memorial.org/visit/memorial/survivor-tree> Accessed in April 2020.

TEAM: Empathy – The key to Kindness and Compassion. The Watchtower Announcing Jehovah's Kingdom – 2002. Available in: <https://wol.jw.org/pt/wol/d/r5/lp-t/2002285> Accessed in April 2020.

FRAZÃO, Dilva. Biografia de Helen Keller. Available in: https://www.ebiografia.com/helen_keller/>. Accessed in April 2020.

"Judge", in Dicionário Priberam da Língua Portuguesa [in line], 2008-2020, https://dicionario.priberam.org/julgar [consulted in 03-29-2020].

THE SACRED BIBLE. Portuguese/English. New International Edition. São Paulo: International Bible Society, 2017.